Guía de estudio para

EL NUEVO VIVIR DEL *TRADING*

Psicología · Disciplina
Herramientas y sistemas de *trading*
Control del riesgo · Gestión de operaciones

Dr. Alexander Elder

EDICIONES OBELISCO

Colección Empresa
GUÍA DE ESTUDIO PARA EL NUEVO VIVIR DEL *TRADING*
Dr. Alexander Elder

Título original: *Study Guide for The New Trading for a Living*

1.ª edición: marzo de 2022

Traducción: *Israel Planagumà*
Maquetación: *Juan Bejarano*
Corrección: *M.ª Ángeles Olivera*
Diseño de cubierta: *Isabel Estrada*

Edita: Ediciones Obelisco, S. L.
Collita, 23-25. Pol. Ind. Molí de la Bastida
08191 Rubí - Barcelona - España
Tel. 93 309 85 25
E-mail: info@edicionesobelisco.com

ISBN: 978-84-9111-827-5
Depósito Legal: B-567-2022

Impreso en ANMAN, Gràfiques del Vallès, S. L.
c/ Llobateres, 16-18, Tallers 7 - Nau 10. Polígono Industrial Santiga.
08210 - Barberà del Vallès - Barcelona

Printed in Spain

ACERCA DE ESTA GUÍA DE ESTUDIO

Los *trafders* experimentados parece que vuelen sin motor por los mercados, entrando y saliendo de operaciones. Parece que su *trading* no requiera esfuerzo, como cuando vemos esquí de descenso en la televisión. Esta ilusión de aparente facilidad desaparece cuando uno se pone un par de esquís y descubre los baches en la pista. Si usted quiere mejorar sus habilidades en el *trading*, tendrá que trabajar, estudiar y hacer los deberes.

He creado esta guía de estudio para ayudarle a crecer y llegar al éxito como *trader*. Está basada en mis años de experiencia como *trader* y maestro de *traders*. Cuanto más estudie los mercados y sus reacciones ante éstos, más probable será que alcance el éxito. Tendrá que aprender más de sí mismo, así como de los mercados; los buenos *traders* siempre están aprendiendo.

Todas las preguntas en esta guía están relacionadas con un capítulo específico de *El nuevo vivir del* trading: psicología, gestión del riesgo, indicadores y demás. Escriba sus respuestas y compárelas con las que encontrará en el libro. Cuando responda a preguntas relacionadas con gráficos, cubra cada gráfica con un trozo de papel y muévalo lentamente de izquierda a derecha para imitar el desarrollo de la acción en el mercado. Practique lidiando con la incertidumbre de los mercados mientras trabaja con esta guía.

Esta guía plantea preguntas y proporciona respuestas, aunque algunas personas razonables puede que no estén de acuerdo con algunas de ellas. El *trading* es, en parte, una ciencia, y, en parte, un arte; en parte objetivo, en parte subjetivo. Deje que esta guía le desafíe a pensar en mayor profundidad acerca de los mercados y de cómo se relaciona usted con ellos.

Mis agradecimientos a Henry Abelman y Jeff Parker, ambos ganadores en múltiples ocasiones del premio Eagle Eye de nuestra comunidad en SpikeTrade, por revisar todas las preguntas y respuestas. Carol Keegan Kayne ha realizado la comprobación final para conseguir la máxima claridad y precisión.

Gracias también a mis antiguos profesores y estudiantes en las universidades, tanto de Estonia como de Estados Unidos, por darme tantas oportunidades de enseñar y de desarrollar mi estilo educativo. Gracias a los miembros de SpikeTrade.com, los cuales siguen mandándome preguntas acerca del *trading*. Darles respuesta semana tras semana me mantiene alerta y despierto para no dormirme en los laureles.

Espero que esta guía le ayude a mejorar sus habilidades para llegar a ser un mejor *trader* lleno de confianza en sí mismo.

Dr. Alexander Elder
Nueva York–Vermont

Guía de estudio para

EL NUEVO *VIVIR DEL* TRADING

PRIMERA PARTE

Preguntas y escalas de autoevaluación

Introducción

Para ganar en el *trading*, uno tiene que rendir por encima de un gran número de competidores. La mayoría deberá perder para pagar a aquellos que ganen. Para llegar a ser un *trader* de éxito tendrá que superar las probabilidades en su contra. Deberá aprender a pensar y a actuar de forma diferente al público general del mercado, a las multitudes.

El nuevo vivir del trading contiene diversas ideas poco ortodoxas sobre *trading*. El objetivo de esta Introducción es hacer una pausa al inicio de este viaje y ver si está en sintonía con parte de esta manera poco convencional de entender el *trading*.

Preguntas	**1.er intento**	**2.º intento**	**3.er intento**	**4.º intento**	**5.º intento**
1					
2					
3					
4					
5					
6					
7					
8					
9					
Respuestas correctas					

Pregunta 0-1
¿Cuál de los siguientes métodos de toma de decisiones en el *trading* puede servirle a los *traders* a largo plazo?

I. El análisis fundamental
II. La información privilegiada
III. Las corazonadas o presentimientos y los consejos
IV. El análisis técnico

A. I y II
B. II y III
C. I y IV
D. III y IV

Pregunta 0-2
¿Cuál de los siguientes factores no es necesario para tener éxito en el *trading*?

A. La psicología del *trading*
B. El método analítico
C. Conexiones personales con *insiders* del mercado
D. El método de gestión del capital

Pregunta 0-3
El mejor enfoque para leer un libro sobre *trading* consiste en…

A. probar todas las ideas que le interesen a uno con sus propios datos del mercado.
B. incorporar todas las ideas a su manera de trabajar.
C. no confiar en lo que se lee: ¿por qué razón alguien compartiría ideas útiles para el *trading*?
D. preguntar a otros *traders* si las ideas en ese libro les sirvieron.

Pregunta 0-4
¿Cuál de los siguientes factores no es una causa principal de pérdidas en el *trading*?

A. El deslizamiento
B. Las comisiones
C. El *trading* basado en las emociones
D. El robo

Pregunta 0-5

José y Juan son dos *traders* que se encuentran en el lado opuesto de la misma operación. Ambos pagan comisiones y ambos se ven afectados por el deslizamiento. José, el ganador, obtiene 920 dólares, mientras que Juan, el perdedor, pierde 1080 dólares. El resultado de esta operación ilustra el hecho de que el *trading* es un:

A. Juego de suma cero
B. Juego con esperanza matemática positiva
C. Paseo aleatorio
D. Un juego de suma negativa

Pregunta 0-6

Usted encuentra una acción que cotiza a 20 dólares y planea comprar 100 títulos de acciones. Su agente de bolsa le cobrará una comisión de 10 dólares. ¿Cuál de las siguientes afirmaciones es *incorrecta*?

A. Cuando uno opera con miles de dólares no debe prestar atención a 10 dólares.
B. Deberá obtener unos beneficios del 1 % para evitar perder dinero con esta operación.
C. Usando un margen del 50 %, deberá obtener unos beneficios de más del 2 % para evitar perder dinero con esta operación.

Pregunta 0-7

Introduce una orden de mercado para comprar 100 acciones de un valor que está subiendo y que actualmente cotiza a 20 dólares. Su orden se ejecuta a 20,08 dólares. El deslizamiento que soporta en esta operación es de:

A. 80 centavos
B. 8 dólares
C. 16 dólares
D. 80 dólares

Pregunta 0-8

Las acciones que compró en la pregunta 7 suben a 22 dólares. Usted espera que el repunte continúe, pero ajusta su *stop* al alza hasta 21 dólares para proteger la mitad de sus beneficios potenciales. La acción se hunde y alcanza el *stop*, que se ejecuta a 20,88 dólares. ¿Qué porcentaje de sus beneficios brutos representa el deslizamiento que soporta en esta operación?

A. 5 %
B. 10 %
C. 25 %
D. 50 %

Pregunta 0-9

En la operación descrita en las preguntas 7 y 8, ¿con qué porcentaje de sus ganancias brutas se quedó la industria del *trading*?

A. 25 por ciento
B. 50 por ciento
C. 75 por ciento
D. 100 por ciento

UNO

Psicología del individuo

El mayor peligro que encontrará en el *trading* proviene de la persona que tiene este libro entre sus manos: usted.

Nuestras emociones, a menudo, decantan la balanza entre ganar y perder. Si es capaz de mantener la cabeza fría y tomar decisiones racionales, las ganancias con las operaciones llegarán como consecuencia.

El *trader* profesional se mantiene en calma y serenidad. Sabe lo que debe hacer cuando el mercado sube, baja o cuando se mueve en horizontal. En los días en que no está seguro, se mantiene al margen, monitorizando pacientemente el mercado desde fuera. El profesional se siente al mando de la situación.

Si siente una alegría frenética cuando el mercado se mueve a su favor, pero, en cambio, el miedo lo paraliza cuando el mercado se mueve en su contra, sus acciones se basarán en las emociones, y su cuenta sufrirá las consecuencias. Cuando la mente se ve obnubilada por la avaricia o el miedo, incluso los mejores sistemas de inversión se irán al garete. Las siguientes preguntas están diseñadas para ayudarle a centrarse en la psicología del *trading*.

Preguntas	**1.er intento**	**2.º intento**	**3.er intento**	**4.º intento**	**5.º intento**
1					
2					
3					
4					
5					
6					
7					
8					
9					
10					
11					
12					
13					
14					
15					
16					
Respuestas correctas					

Pregunta 1-1

La actitud correcta del *trader* respecto al riesgo para llegar al éxito generalmente consiste en…

A. evitar el riesgo.
B. crecer con el riesgo.
C. disfrutar de las situaciones arriesgadas, aunque las pérdidas duelan.
D. evaluar cada riesgo.

Pregunta 1-2

El objetivo de todo *trader* de éxito es…

A. llegar a ser el o la mejor *trader* posible.
B. ganar más dinero que el resto de *traders*.
C. comprar cosas que lo sitúen por encima del resto de *traders*.
D. ganarse el respeto de familia y amigos.

Pregunta 1-3

Un *trader* que se encuentra en una racha de pérdidas pierde el 20 % del capital de su cuenta. El mejor consejo que podría recibir es…

A. que se subscriba a un boletín informativo con un historial de aciertos probado.
B. que compre un sistema de inversión con un historial probado de rentabilidad y con pocas bajadas.
C. que deje de operar hasta que haya analizado sus operaciones con pérdidas y haya determinado las causas.
D. que siga operando, ya que las leyes de la probabilidad indican que probablemente la suerte vaya a su favor.

Pregunta 1-4

Tener una cuenta de *trading* grande es algo deseable por las siguientes razones, *excepto*…

A. uno puede permitirse perder más dinero.
B. uno puede diversificarse en más mercados.
C. uno puede operar con distintos sistemas.
D. las pérdidas que uno sufre representan un menor porcentaje de su cuenta.

Pregunta 1-5
De las siguientes afirmaciones acerca de sistemas de inversión automáticos, ¿qué dos se ajustan a la realidad?

I. Un historial probado es una garantía de que un sistema seguirá rindiendo bien.
II. El hecho de que un sistema lo venda un *trader* conocido genera un mayor margen de confianza.
III. Los sistemas de inversión están diseñados para hacer que funcionen datos antiguos, y se autodestruyen cuando los mercados cambian.
IV. Se puede comprar un sistema de uno de los mejores analistas y perder dinero usándolo.

A. I y II
B. I y III
C. II y III
D. III y IV

Pregunta 1-6
¿Cuál o cuáles de las siguientes opciones es una señal inequívoca de que la actitud hacia el *trading* es la de una persona con tendencia al juego?

I. No poder resistir la necesidad imperiosa de operar.
II. La sensación de euforia cuando una operación sale bien, y la vergüenza tras perder.
III. Siempre cambiar de posición cuando se está en pérdidas.
IV. Una racha de operaciones con pérdidas.

A. Solo la I
B. I y II
C. I, II y III
D. I, II, III y IV

Pregunta 1-7
En el transcurso de un año, un *trader* ve cómo suceden las siguientes cosas en su vida: le ponen tres multas de tráfico, tiene que pagar un recargo por hacer la declaración de la renta fuera de plazo, le amonestan dos veces por llegar tarde a su trabajo fuera del *trading* y su cuenta de *trading* lleva unas pérdidas del 35 %. De las siguientes opciones, ¿cuál es el mejor consejo que podría recibir?

A. La vida es dura. Intenta ganar mucho dinero con el *trading*, deja tu trabajo y contrata a alguien que gestione tus finanzas.
B. Las multas de tráfico no tienen nada que ver con el *trading*; no te preocupes por eso.
C. Estás saboteándote a ti mismo, tienes que trabajar para cambiar como persona.
D. Aguanta; es difícil tener un trabajo y practicar el *trading* al mismo tiempo.

Pregunta 1-8

Escoja dos afirmaciones correctas acerca de la psicología del *trading*.

I. Los sentimientos afectan al capital de uno.
II. Para ganar, uno debe ser más inteligente que la mayoría de *traders*.
III. La sensación de euforia después de operaciones con ganancias refuerza los buenos hábitos en el *trading*.
IV. El miedo y la avaricia tienen un mayor impacto en el capital que un sistema de inversión brillante.

A. I y II
B. II y III
C. III y IV
D. I y IV

Pregunta 1-9

Usted lleva una racha de operaciones exitosas en los meses más recientes. Ahora es el momento de…

I. felicitarse a sí mismo y aumentar el tamaño de sus posiciones.
II. utilizar menos *stops*.
III. irse de vacaciones.
IV. darse cuenta de que ha llegado a ser un *trader* competente y puede pasar menos tiempo estudiando los mercados.

A. I y II
B. II y IV
C. I y III
D. III y IV

Pregunta 1-10

La similitud principal entre un *trader* que pierde y un alcohólico es:

A. Los perdedores son adictos a la excitación que produce el *trading*, de la misma manera que los alcohólicos son adictos al alcohol.
B. Los perdedores ocultan la magnitud de sus pérdidas, a sí mismos y a los demás, de la misma manera que los alcohólicos ocultan cuánto beben.
C. Los perdedores intentan salir del abismo con el *trading*, de la misma manera que los alcohólicos intentan pasar de los licores al vino.
D. Todas las anteriores.

Pregunta 1-11

La psicología de los perdedores incluye todos los factores siguientes *excepto*...

A. Los perdedores encuentran el *trading* muy excitante, incluso cuando comporta pérdidas.
B. Pocos perdedores se recuperan tras destrozar sus cuentas.
C. Los perdedores saben que tienen un problema personal con el *trading*.
D. Los perdedores generalmente intentan ganar «premios gordos».

Pregunta 1-12

El primer paso en la recuperación del *trader* que pierde es decir...

A. «Necesito un mejor sistema de inversión».
B. «Tengo que encontrar un mercado alcista».
C. «Tengo que aprender un nuevo método de *trading*».
D. «Soy un perdedor».

Pregunta 1-13

Cuando el *trader* dice «Me llamo fulanito, y soy un perdedor», el resultado es...

I. una actitud de miedo hacia el *trading*.
II. atajar las pérdidas desde un buen comienzo.
III. evitar operar en exceso, por encima de sus posibilidades.
IV. menores comisiones y deslizamiento.

A. I y II
B. II y III
C. III y IV
D. I y IV

Pregunta 1-14
El factor más importante para llegar a ser un *trader* de éxito es…

A. comenzar con una cuenta de *trading* bastante grande.
B. tener la capacidad de aprender de otros *traders*.
C. usar planes de *trading* por escrito y evitar las decisiones basadas en las emociones.
D. depender de habilidades útiles provenientes del trasfondo empresarial o profesional de uno.

Pregunta 1-15
Si, tras llevar un año operando, los mercados le parecen misteriosos, esto es porque…

A. su conducta en el *trading* es impulsiva.
B. le falta buena información sobre análisis fundamental o análisis técnico.
C. su cuenta es demasiado pequeña.
D. los mercados son caóticos (paseo aleatorio).

Pregunta 1-16
Una operación comienza cuando…

A. el mercado parece encontrarse en la zona de sobrecompra o de sobreventa.
B. un indicador le da una señal de entrada.
C. decide introducir una orden de compra o de venta.
D. un boletín ofrece una recomendación atractiva.

DOS

Psicología de masas

Cuando usted compra o vende, está rodeado de una multitud enorme de compradores y vendedores, muchos de los cuales se dejan llevar por la avaricia y por el miedo. La suma de todas sus órdenes crea oleadas enormes de optimismo y pesimismo masivos. Estas oleadas se convierten en mareas que arrastran los mercados, causando el ascenso o la caída de los precios. Este gran público, las multitudes, son extremadamente poderosos; luchar contra él no tiene sentido. El público es poderoso pero primitivo. Entender esto le ayudará a operar en la misma dirección en que corre el público, pero a bajarse cuando una tendencia esté a punto de finalizar.

Seguir siendo objetivo es difícil cuando se están analizando los mercados, ya que el público nos atrae. Todo aquel que haya asistido a un mitin político o a un gran concierto ha sentido la atracción de las multitudes.

Algunas de las preguntas en este capítulo pondrán a prueba su conocimiento de las leyes básicas de la psicología de masas. Otras le ayudarán a ser consciente del impacto del público en sus sentimientos y en su juicio. Se trata de un buen momento para reflexionar sobre sus reacciones, racionales o irracionales, cuando opera. Intente que sus respuestas a las siguientes preguntas estén relacionadas con sus experiencias en el *trading*.

Preguntas	1.er intento	2.o intento	3.er intento	4.o intento	5.o intento
1					
2					
3					
4					
5					
6					
7					
8					
9					
10					
11					
12					
13					
Respuestas correctas					

Pregunta 2-1
El precio es…

A. el punto de intersección entre las curvas de oferta y de demanda.
B. el valor de un vehículo de inversión.
C. un reflejo de los activos de la empresa en el mercado bursátil, o de la demanda de una materia prima o mercancía.
D. el consenso sobre el valor entre los participantes del mercado en el momento de la operación.

Pregunta 2-2
¿Cuál de las siguientes afirmaciones es *incorrecta*?

A. Los alcistas apuestan a que los precios subirán; intentan comprar al menor precio posible.
B. Los *traders* que no toman una posición ponen presión sobre los alcistas y los bajistas con su mera presencia.
C. El objetivo del analista técnico es predecir si ganarán los alcistas o los bajistas.
D. Los bajistas apuestan a que los precios bajarán; quiere vender al mayor precio posible.

Pregunta 2-3
Cuando no se está seguro de si comprar o vender, merece la pena…

A. navegar por Internet para ver qué está haciendo el resto.
B. operar con cantidades más pequeñas de lo habitual.
C. quedarse al margen del mercado.
D. buscar consejo del gurú de moda del momento.

Pregunta 2-4
Todas las ganancias que uno obtiene en el *trading* provienen de…

A. los agentes de bolsa (brókeres).
B. los *traders*.
C. la economía.
D. los mercados bursátiles.

Pregunta 2-5

Cuando alguien se une al gran público y sigue a las multitudes...

I. se vuelve más impulsivo y emocional.
II. se beneficia de las fortalezas de los demás.
III. confía en los líderes de las multitudes más que en sí mismo.
IV. puede dejar de seguir al público cuando lo desee.

A. I y II
B. I y III
C. II y III
D. II y IV

Pregunta 2-6

Las personas se unen al público y siguen a las multitudes...

I. por miedo a la incertidumbre.
II. porque es un hábito de toda la vida.
III. por el deseo de ser liderados por líderes fuertes.
IV. buscando comodidad.

A. I
B. I y II
C. I, II y III
D. I, II, III y IV

Pregunta 2-7

¿Cuáles de las siguientes afirmaciones son correctas?

I. El público es primitivo; no pasa nada por usar estrategias de *trading* simples.
II. Ser más inteligente que el público nos asegura que ganaremos.
III. El buen *trader* siente euforia cuando el mercado se mueve a su favor, y se deprime cuando va en su contra.
IV. El público del mercado casi siempre se equivoca.

A. I
B. I y II
C. I, II y III
D. I, II, III y IV

Pregunta 2-8
Identifique el líder principal de las tendencias en el mercado.

A. Los intereses financieros poderosos.
B. Los gurús famosos.
C. El precio en sí mismo.
D. Los cambios en los fundamentos de la economía.

Pregunta 2-9
Los mercados suben cuando…

I. hay más compradores que vendedores.
II. los compradores son más agresivos que los vendedores.
III. los vendedores tienen miedo y exigen una prima.
IV. se compran más acciones o contratos que se venden.

A. I y II
B. II y III
C. II y IV
D. III y IV

Pregunta 2-10
Cuando la tendencia va a la baja…

I. los vendedores al descubierto tienden a incrementar sus posiciones.
II. los *traders* en posiciones largas tienden a salir, disgustados.
III. los *traders* en posiciones largas solo están dispuestos a comprar a precios con mucho descuento.
IV. los vendedores al descubierto están dispuestos a vender a un precio menor.

A. I
B. I y II
C. I, II y III
D. I, II, III y IV

Pregunta 2-11

Un *shock* en los precios durante una tendencia al alza…

I. consiste en una subida súbita en el precio.
II. consiste en una caída súbita del precio.
III. hace que los alcistas se sientan vulnerables.
IV. asusta a los bajistas.

A. I y III
B. II y III
C. II y IV
D. I y IV

Pregunta 2-12

Un *shock* en los precios interrumpe un repunte, pero los precios se acaban recuperando. Cuando los precios suben hasta un nuevo máximo, diversos indicadores alcanzan un pico más bajo. Este patrón se conoce con el nombre de…

A. divergencia alcista.
B. caída súbita del precio.
C. divergencia bajista.
D. subida súbita en el precio.

Pregunta 2-13

Los objetivos principales del *trader* son…

I. identificar la tendencia actual.
II. predecir los precios en el futuro inmediato.
III. predecir los precios a largo plazo.
IV. permanecer siendo objetivo y no emocional.

A. I y II
B. I y IV
C. II y III
D. III y IV

TRES

Análisis gráfico clásico

Los analistas del chartismo originales tuvieron una idea revolucionaria: usar datos sobre precio y volumen en vez de los factores del análisis fundamental para decidir qué y cuándo comprar y vender.

Todos los analistas de fundamentos deben especializarse en un campo bastante reducido. El análisis técnico, por el contrario, es universal. Una vez uno entiende los principios del análisis gráfico, éstos pueden aplicarse a acciones, bonos, divisas, futuros o a cualquier otro mercado. A medida que el número de vehículos de inversión disponibles por todo el mundo aumenta, el análisis técnico gana popularidad.

Mientras uno tenga datos sobre precios máximos y mínimos, precios de apertura y de cierre, así como de volumen y posiciones abiertas, uno puede tomar decisiones inteligentes acerca del equilibrio de fuerzas entre alcistas y bajistas en cualquier mercado. Entonces puede operar en la dirección del grupo dominante en el mercado.

En este capítulo se le pedirá que tome decisiones sobre operaciones usando gráficos. Reconocer patrones en medio del gráfico es relativamente fácil, pero las señales para operar buenas son mucho más difíciles de identificar cuando estamos cerca del borde derecho del gráfico. Ése es el punto en que usted deberá tomar sus decisiones operativas: en medio de la incertidumbre, el ruido y la tensión de los mercados.

Preguntas	1.er intento	2.º intento	3.er intento	4.º intento	5.º intento
1					
2					
3					
4					
5					
6					
7					
8					
9					
10					
11					
12					
13					
Respuestas correctas					

Pregunta 3-1

Indique las correspondencias entre cada par de afirmaciones acerca de los precios.

I. El máximo diario.
II. El mínimo diario.
III. El precio de cierre.
IV. El precio de apertura.

A. Opinión de los principiantes.
B. Opinión de los profesionales.
C. Poder máximo de los alcistas.
D. Poder máximo de los bajistas.

Pregunta 3-2

Tres analistas observan el mismo gráfico. Uno argumenta que la tendencia es al alza, otro que la tendencia es a la baja, y el tercero que se da movimiento horizontal. Muy probablemente…

I. uno o dos de ellos puede que se estén haciendo vanas ilusiones.
II. puede que no estén de acuerdo sobre la definición básica de tendencia.
III. puede que estén usando diferentes horizontes temporales.
IV. si todos lo hicieran mejor, se pondrían de acuerdo.

A. I
B. I y II
C. I, II y III
D. I, II, III y IV

Pregunta 3-3

Cuando se intenta entrar en un mercado líquido en un día tranquilo, probablemente encontremos…

A. un mayor deslizamiento.
B. comisiones más elevadas.
C. un menor deslizamiento.
D. comisiones más bajas.

Pregunta 3-4

FIGURA 3.4 Gráfico semanal de Medtronic, Inc. (MDT) *(Gráfico de Stockcharts.com).*

Las líneas de soporte y de resistencia

¿Qué líneas en el gráfico de la figura 3.4 marcan niveles tanto de soporte como de resistencia?

1. Línea A
2. Líneas A y B
3. Líneas A, B y C
4. Líneas A, B, C y D

Pregunta 3-5

Las líneas de soporte y de resistencia deberían…

I. ser dibujadas cruzando los bordes de las áreas de congestión.
II. ser dibujadas tocando precios máximos o mínimos extremos.
III. conectar máximos con mínimos y mínimos con máximos.
IV. conectar máximos con máximos y mínimos con mínimos.

A. I y II
B. II y III
C. III y IV
D. I y IV

Pregunta 3-6

La fuerza del soporte y de la resistencia dependen de…

I. el número de veces que los precios llegan a esa área.
II. el volumen de operaciones en esa área.
III. la altura de esa área.
IV. la cantidad de tiempo que los precios pasan en esa área.

A. I
B. I y II
C. I, II y III
D. I, II, III y IV

Pregunta 3-7

Los precios pasan diversas semanas en un área de congestión y después caen por debajo del soporte. ¿Cuáles de las siguientes opciones operativas deberían considerarse al día siguiente?

I. Vender en corto si los precios caen a un nuevo mínimo, con un *stop* por encima del máximo del día anterior.
II. Tomar posiciones largas si los precios repuntan de nuevo hasta el área de congestión, con un *stop* por debajo del mínimo del día anterior.
III. Vender en corto a la apertura.
IV. Tomar posiciones largas a la apertura.

A. I
B. I y II
C. I, II y III
D. I, II, III y IV

Pregunta 3-8

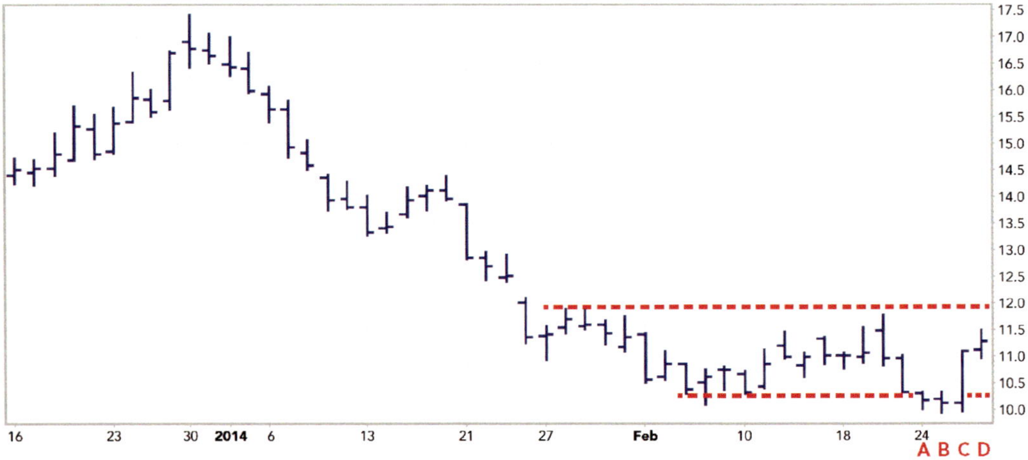

FIGURA 3.8 Gráfico diario de Walter Energy Inc. (WLT) *(Gráfico de Stockcharts.com).*

Una zona de congestión

Indique las correspondencias entre las letras que se hallan debajo de las cuatro últimas barras del gráfico en la figura 3.8 y las siguientes afirmaciones:

I. Un mínimo más bajo y un cierre más bajo: monitorizar el movimiento a la baja.
II. Comenzar a mover el *stop* al alza.
III. Una falsa ruptura a la baja: tomar posiciones largas.
IV. Una ruptura hasta un nuevo mínimo: monitorizar si el movimiento a la baja continuará.

Pregunta 3-9

Marque las siguientes afirmaciones con una **T** si son aplicables a tendencias y con una **R** si son aplicables a rangos de cotización:

A. Todos los repuntes alcanzan un máximo más alto.
B. Todos los descensos se detienen aproximadamente al mismo nivel.
C. Seguir incrementando la posición en que se está.
D. Salir a la primera señal de cambio de tendencia.

Pregunta 3-10

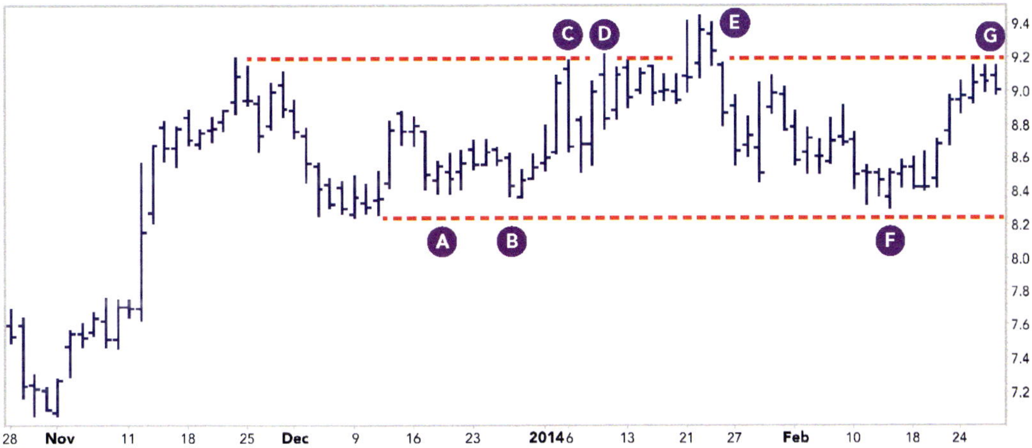

FIGURA 3.10 Gráfico diario de JetBlue Airways Corp. (JBLU) *(Gráfico de Stockcharts.com).*

Decisiones en el soporte y en la resistencia

Indique las correspondencias entre las letras en el gráfico de la figura 3.10 y las siguientes afirmaciones.

I. La incapacidad de alcanzar la resistencia indica debilidad: debe considerarse adoptar posiciones cortas.
II. La incapacidad de alcanzar el soporte indica fortaleza: debe considerarse comprar.
III. Se alcanza la resistencia: vender.
IV. Falsa ruptura al alza: tomar posiciones cortas.

Pregunta 3-11

¿Cuáles de las siguientes tácticas funcionarán bien en tendencias al alza?

I. Comprar rupturas hasta nuevos máximos.
II. Comprar retiradas hasta el soporte.
III. Comprar cuando los beneficios de la anterior posición en largo estén protegidos por un *stop*.
IV. Comprar cuando los precios superen el mínimo anterior.

A. I
B. I y II
C. I, II y III
D. I, II, III y IV

Pregunta 3-12

FIGURA 3.12 Gráfico diario de Boeing Co. (BA) *(Gráfico de Stockcharts.com).*

Las colas de canguro

¿Cuáles de las siguientes afirmaciones *no son* aplicables a las «colas de canguro» que, en la figura 3.12, están marcadas con una **T**?

A. Cuando una cola apunta hacia abajo, ponerse en corto.
B. Las colas son barras singulares que sobresalen de áreas de congestión compactas.
C. Cuando una cola apunta hacia arriba, está dando una señal de venta.
D. Los mercados generalmente se retiran de las «colas».

Pregunta 3-13

Si uno compra en el área T que se encuentra en el borde derecho de la figura 3.12, puede hacer todo lo siguiente, *excepto*...

A. poner una orden *stop* de protección sobre la mitad de la cola.
B. añadir a nuestra posición larga en la siguiente barra que cotice al alza.
C. recoger beneficios cuando el repunte deje de marcar nuevos máximos.
D. poner una orden *stop* de protección por debajo de la punta de la cola.

CUATRO

Análisis técnico por ordenador

Hoy en día sería raro encontrar un analista o un *trader* que no use ordenador. Los costes a la baja de los equipos, el software y los datos han nivelado el campo de juego entre individuos e instituciones.

Un ordenador nos puede ayudar a procesar el torrente de información del mercado y hacer que nuestro análisis sea más objetivo; pero sigue siendo solo una herramienta. Comprar el mejor automóvil no hace que el conductor novato se convierta, automáticamente, en un experto. En esta acción usted hará un test de autoevaluación para comprobar hasta qué punto domina las lecciones sobre análisis técnico por ordenador. Si ha comprado software de análisis técnico, siéntase con la libertad de usarlo a la hora de contestar las preguntas de este capítulo.

Preguntas	1.er intento	2.º intento	3.er intento	4.º intento	5.º intento
1					
2					
3					
4					
5					
6					
7					
8					
9					
10					
11					
12					
13					
14					
15					
16					
17					
18					
19					
20					
21					
22					
Respuestas correctas					

Pregunta 4-1

El análisis técnico por ordenador…

I. es más objetivo que el análisis gráfico clásico.
II. permite a los *traders* predecir el futuro.
III. elimina las emociones del *trading*.
IV. asegura el éxito en el *trading*.

A. I y II
B. I, II y III
C. I, II, III y IV

Pregunta 4-2

Indique las correspondencias entre los siguientes tres tipos de software y sus descripciones:

I. Caja gris.
II. Caja de herramientas.
III. Caja negra.

A. Se introducen datos del mercado en el programa y se reciben señales específicas de compra y de venta.
B. Igual que el anterior, pero pudiendo escoger los parámetros de los indicadores.
C. Una colección de herramientas de análisis gráfico e indicadores.

Pregunta 4-3

Indique las correspondencias entre los siguientes tres grupos principales de indicadores técnicos y sus descripciones:

I. Osciladores.
II. Indicadores de seguimiento de tendencia.
III. Indicadores misceláneos.

A. Ofrecen una perspectiva de la psicología de masas en los mercados.
B. Identifican puntos de inflexión en mercados planos, pero dan señales prematuras y peligrosas cuando los mercados comienzan a entrar en una tendencia.
C. Funcionan mejor cuando los mercados están en movimiento, pero generan señales de mala calidad cuando los mercados están planos.

Pregunta 4-4

Un valor cierra a 23, 22, 21, 20, 23 y 24 durante los últimos seis días. ¿Cuál es su media móvil simple de cinco días el último día?

A. 21.
B. 22.
C. 23.
D. Ninguna de las anteriores.

Pregunta 4-5

Las medias móviles exponenciales funcionan mejor que las medias móviles simples por todas las razones siguientes, *excepto* en el hecho de que las MME…

A. son más fáciles de calcular a mano.
B. responden más rápido a los cambios en los precios.
C. no saltan en respuesta a datos antiguos.
D. hacen un seguimiento más de cerca del estado de ánimo de las masas.

Pregunta 4-6

El mensaje más importante de una media móvil exponencial es…

A. la amplitud de su ventana temporal.
B. su capacidad de subir a nuevas cimas.
C. su capacidad de bajar a nuevos mínimos.
D. el sentido de su pendiente.

Pregunta 4-7

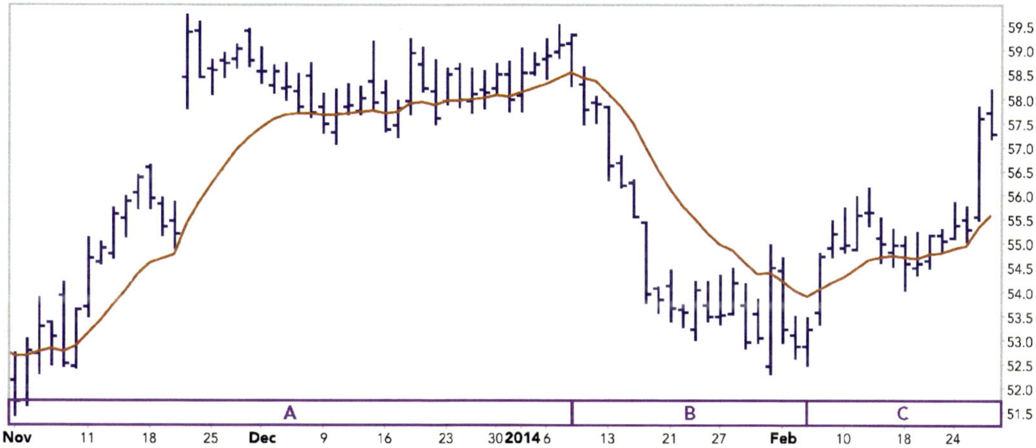

FIGURA 4.7 Gráfico diario de Williams-Sonoma Inc. (WSM), MME de 13 días *(Gráfico de Stockcharts.com).*

Señales MME – diario

Indique las correspondencias entre las secciones identificadas con letras en la parte inferior de la figura 4.7 y las siguientes estrategias basadas en MME.

1. Operar solamente en posiciones largas.
2. Operar solamente en posiciones cortas.

Pregunta 4-8

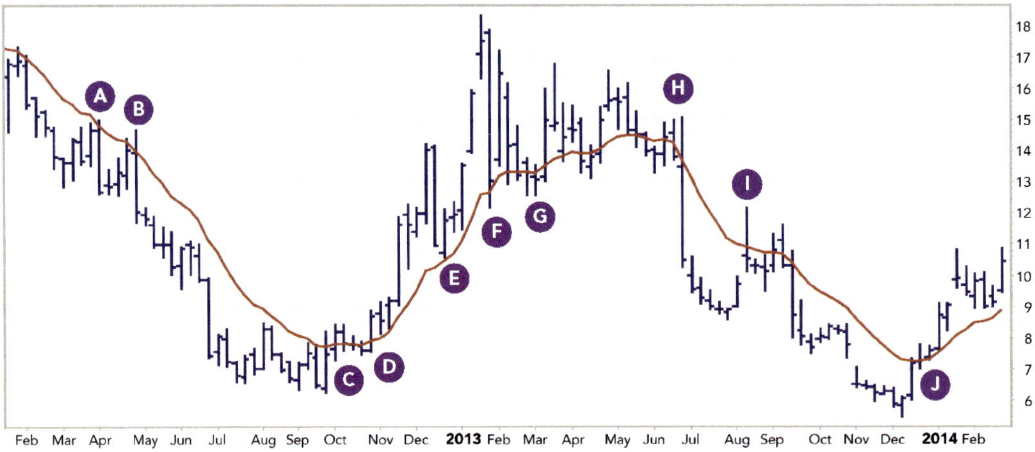

FIGURA 4.8 Gráfico semanal de BlackBerry Limited (BBRY), MME de 13 semanas *(Gráfico de Stockcharts.com).*
Señales MME - semanal

Indique las correspondencias entre las áreas identificadas con letras en la figura 4.8 y las siguientes tácticas basadas en MME.

1. Ponerse en largo, con un *stop* de protección cerca del último mínimo.
2. Ponerse en corto, con un *stop* de protección cerca del último máximo.
3. Liquidar posiciones y quedarse al margen: el mercado puede estar llegando a la inflexión.

Pregunta 4-9

¿Cuáles de las siguientes afirmaciones acerca de la convergencia-divergencia de medias móviles (MACD) son ciertas?

I. La línea rápida de la MACD refleja el alcismo o bajismo a corto plazo.
II. La línea lenta de la MACD refleja el alcismo o bajismo a largo plazo.
III. Cuando la línea rápida está por encima de la línea lenta, los alcistas están al mando.
IV. Cuando la línea rápida está por debajo de la línea lenta, los bajistas están al mando.

A. I y II
B. III y IV
C. Ninguna de las anteriores
D. I, II, III y IV

Pregunta 4-10

¿Qué afirmación acerca del histograma MACD *no es cierta*?

A. Mide el diferencial entre las líneas rápida y lenta de la MACD.
B. Cuando sube, muestra que los alcistas están al mando.
C. Predice precios más altos o bajos en el futuro inmediato.
D. Identifica el grupo dominante en el mercado.

Pregunta 4-11

FIGURA 4.11 Gráfico diario de DR Horton Inc. (DHI), MME de 26 días, líneas MACD 12-26-9 *(Gráfico de Stockcharts.com)*.

Líneas MACD e histograma MACD

Indique las correspondencias entre las siguientes afirmaciones y las áreas identificadas con letras en el gráfico de la figura 4.11.

1. El histograma MACD sube a una cima más alta: se espera que los precios vuelvan a poner a prueba o excedan su pico en el precio.
2. El histograma MACD cae a un nuevo mínimo: se espera que los precios vuelvan a poner a prueba o excedan su último valle.
3. Se termina el poder del grupo dominante.
4. Se está dando una divergencia bajista.
5. Se está dando una divergencia alcista.

Pregunta 4-12

En el borde derecho de la figura 4.11, el histograma MACD, la MME y el precio nos están diciendo que…

A. el ultimo pico en el precio probablemente vaya a ser puesto a prueba o superado; debemos adoptar posiciones largas de inmediato.
B. los bajistas están al mando; debemos adoptar posiciones cortas inmediatamente.
C. debemos bajar nuestro *stop* y estar a punto para recoger beneficios de la posición en corto de la divergencia bajista D-F.

Pregunta 4-13

¿Cuál de las siguientes afirmaciones describe el movimiento direccional?

A. La parte de la barra del día actual que queda por encima de la barra del día anterior.
B. La parte de la barra del día actual que queda por debajo de la barra del día anterior.
C. La parte más grande de la barra del día actual que queda por fuera de la barra del día anterior.
D. Ninguna de las anteriores.

Pregunta 4-14

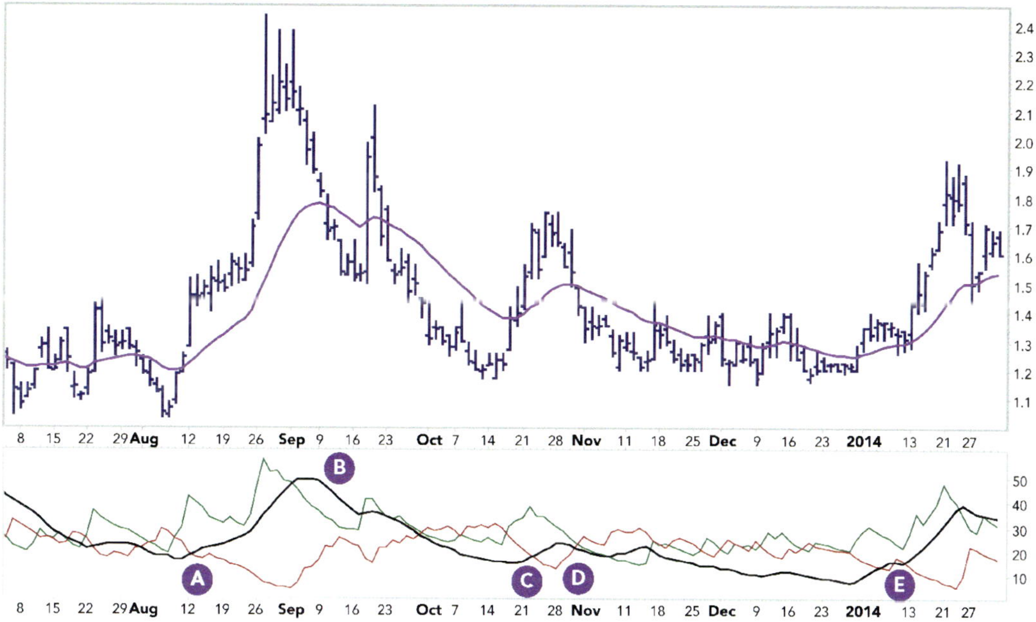

FIGURA 4.14 Alexco Resource Corporation (AXU), MME de 22 días, Sistema Direccional de 13 días (verde + DI, rojo - DI, negro ADX) *(Gráfico de Stockcharts.com).*

Sistema direccional

Indique las correspondencias entre las áreas identificadas con letras en la figura 4.14 y las siguientes acciones.

I. Cuando el indicador direccional (ADX) cruza hacia abajo ambas líneas direccionales, al menos deberemos retirar beneficios parciales.
II. Cuando el indicador direccional penetra por encima de la línea direccional inferior, deberemos operar en el sentido de la línea direccional superior.
III. No deberemos usar un método de seguimiento de tendencias cuando el indicador direccional se encuentra por debajo de ambas líneas direccionales.

Pregunta 4-15

En el borde derecho de la figura 4.14, el sistema direccional nos dice…

A. que adoptemos posiciones largas.
B. que adoptemos posiciones cortas.
C. que nos quedemos al margen.

Pregunta 4-16

Los osciladores pueden ayudar a los *traders* a cumplir todo lo siguiente, *excepto*…

A. identificar los extremos del pesimismo y optimismo extremos.
B. capturar todas las cimas y los valles.
C. saber si en el momento actual predominan los alcistas o los bajistas.
D. apostar contra las desviaciones y a favor de un retorno a la normalidad.

Pregunta 4-17

Cuando un oscilador alcanza su pico más alto en varios meses, ¿cuál de las siguientes afirmaciones es la *menos probable*?

A. El repunte probablemente haga una pausa.
B. Los precios probablemente suban hasta un máximo más alto.
C. Pueden mantenerse las posiciones largas.
D. Es probable que los precios caigan.

Pregunta 4-18

FIGURA 4.18 Leapfrog Enterprises Inc. (LF), MME de 26 días, estocástico lento 7/3 *(Gráfico de Stockcharts.com).*

Estocástico

Indique las correspondencias entre las letras de la figura 4.18 y las siguientes formaciones del estocástico:

1. Sobrecompras.
2. Sobreventas.
3. Divergencia alcista.
4. Divergencia bajista.
5. Oscilación fallida.

Pregunta 4-19

En el borde derecho de la figura 4.18, el mensaje que nos da el estocástico respecto a cómo operar es:

A. El estocástico está sobrevendido; ponerse en corto.
B. El estocástico está subiendo; ponerse en largo.
C. La tendencia a la baja aún está activa; ponerse en corto.
D. El estocástico es neutro; mantenerse al margen.

Pregunta 4-20

FIGURA 4.20 Tiffany & Co. (TIF), MME de 26 días, RSI de 13 días *(Gráfico de Stockcharts.com).*

Índice de fuerza relativa

Indique las correspondencias entre las formaciones del RSI (índice de fuerza relativa) identificadas con letras en la figura 4.20 y los patrones que se dan a continuación.

1. Sobrecompra.
2. Sobreventa.
3. Divergencia alcista.
4. Divergencia bajista.

Pregunta 4-21

En el borde derecho de la figura 4.20, el RSI nos indica que:

A. Las acciones están en sobreventas; debemos ponernos en largo.
B. Se da una divergencia bajista; debemos ponernos en corto.
C. El RSI tiene tendencia a la baja; debemos mantenernos al margen.
D. Las señales son mixtas; debemos mantenernos al margen por el momento.

Pregunta 4-22

Con el mercado en una tendencia a la baja, un oscilador como el estocástico o el RSI identifica…

I. oportunidades para vender en corto.
II. áreas en que vender.
III. oportunidades para comprar.
IV. áreas en dónde cubrir ventas al descubierto.

A. I y II
B. III y IV
C. I, II, III y IV
D. Ninguna de las anteriores

CINCO

Volumen y tiempo

Los principiantes solo vigilan los precios. Es fácil quedar hipnotizado por las subidas y bajadas de las acciones.

Los analistas experimentados consiguen entender los mercados en mucha más profundidad incluyendo el volumen en sus análisis. Además, los cambios en los precios tienen que evaluarse con relación al tiempo que tomaron en ocurrir. Toda decisión operativa debe tomarse analizando más de un horizonte temporal.

Este capítulo también repasa las posiciones abiertas, un dato relevante solo en los mercados de derivados, como futuros u opciones. Si no opera con derivados y no desea estudiar las posiciones abiertas, sáltese las preguntas 5-7, 5-8 y 5-9 y añada tres puntos a su puntuación final.

Preguntas	1.er intento	2.º intento	3.er intento	4.º intento	5.º intento
1					
2					
3					
4					
5					
6					
7					
8					
9					
10					
11					
12					
13					
14					
15					
16					
17					
18					
19					
Respuestas correctas					

Pregunta 5-1

El volumen refleja todos los factores siguientes, *excepto*:

A. Cómo reaccionarán los participantes en el mercado a los futuros cambios en los precios.
B. Cuántos ganadores y perdedores están activos en el mercado.
C. Si las masas de perdedores permanecen inmóviles o están huyendo.
D. El grado de implicación (o compromiso) emocional de los *traders*.

Pregunta 5-2

El mercado lleva varios meses subiendo en un patrón ordenado de repuntes y suaves descensos; actualmente hay un nuevo repunte en curso. Indique las correspondencias entre los siguientes pares de afirmaciones acerca del volumen de este repunte:

1. El volumen es ligeramente mayor que durante el repunte anterior.
2. El volumen es el doble del que se dio durante el repunte anterior.
3. El volumen es la mitad del que se dio durante el repunte anterior.
4. El volumen es aproximadamente el mismo que el que se dio durante el repunte anterior.

A. Los bajistas han entrado en pánico; deberíamos, al menos, recoger beneficios parciales de las posiciones en largo.
B. La tendencia al alza es saludable; deberíamos mantener las posiciones en largo, o añadir a éstas.
C. La tendencia al alza está perdiendo fuelle; deberíamos, al menos, recoger beneficios parciales de las posiciones en largo.
D. La tendencia al alza es saludable; deberíamos mantener las posiciones en largo.

Pregunta 5-3

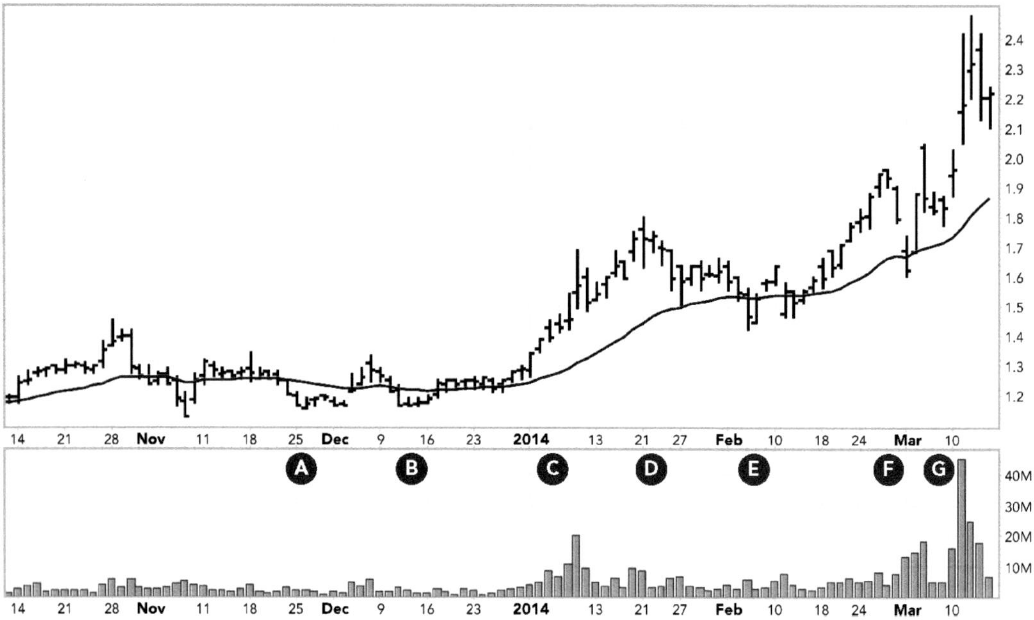

FIGURA 5.3 Capstone Turbine Corp. (CPST), MME de 26 días, volumen diario *(Gráfico de Stockcharts.com).*

Volumen

Identifique los siguientes patrones de volumen señalando las correspondencias con las letras en la figura 5.3.

1. El volumen traza un pico más bajo mientras que los precios trazan un pico más alto: esperamos una reacción más profunda, deberíamos recoger beneficios de posiciones en largo.
2. El volumen se contrae mientras que los precios descienden casi hasta el fondo de su rango de cotización: deberíamos buscar oportunidades de compra.
3. El volumen se expande en un repunte: esperamos que los precios sean más altos en el futuro, deberíamos mantener posiciones, aunque se den correcciones.
4. El volumen se contrae durante una retirada al valor: deberíamos ponernos en largo o incrementar posiciones largas.

Pregunta 5-4

En el borde derecho de la figura 5.3, el patrón de volumen y precios muestra que…

A. los precios están subiendo mientras se da un volumen importante; deberíamos ponernos en largo inmediatamente.
B. los precios se están retirando al valor mientras el volumen va en descenso: deberíamos esperar a que acabe el descenso, y entonces ponernos en largo.
C. el último repunte experimentó un nivel de volumen no sostenible: deberíamos ponernos en corto.
D. por ahora es mejor mantenerse al margen del mercado.

Pregunta 5-5

¿Cuál de las siguientes afirmaciones es correcta? El volumen On-Balance (OBV)…

I. confirma movimientos bajistas cuando cae a un nuevo mínimo.
II. mide el nivel de compromiso emocional de los *traders*.
III. a menudo alcanza un nuevo pico antes de que se dé un nuevo pico en los precios.
IV. sube siempre que el mercado cierra a la baja.

A. I
B. I y II
C. I, II y III
D. I, II, III y IV

Pregunta 5-6

Indique las correspondencias entre las afirmaciones acerca de la acumulación/distribución de los siguientes dos conjuntos de afirmaciones.

1. Los precios abren por debajo del cierre del día anterior y cierran a la baja.
2. Los precios abren por encima del cierre del día anterior y cierran al alza.
3. Los precios abren por encima del cierre del día anterior, pero cierran en mínimos.
4. Los precios abren por debajo del cierre del día anterior, pero cierran en máximos.

A. Los principiantes se sienten relativamente bajistas, los profesionales relativamente alcistas.
B. Los principiantes se sienten relativamente alcistas, los profesionales relativamente bajistas.
C. Tanto principiantes como profesionales se sienten alcistas.
D. Tanto principiantes como profesionales se sienten bajistas.

Pregunta 5-7

El Chicago Board of Trade informa de que las posiciones abiertas sobre grano de soja se sitúan en 300.000 contratos. Esto significa que...

A. los *traders* en largo poseen 150.000 contratos y los *traders* en corto deben 150.000 contratos.
B. los *traders* en largo poseen 300.000 contratos y los *traders* en corto deben 300.000 contratos.
C. los *traders* en largo poseen 600.000 contratos y los *traders* en corto deben 600.000 contratos.
D. no tenemos suficiente información para decir quién tiene este o aquel número de contratos.

Pregunta 5-8

Indique las correspondencias entre las siguientes acciones y su impacto sobre las posiciones abiertas.

1. Un *trader* en largo vende a otro que está en corto.
2. Un nuevo bajista entra en el mercado y vende en corto a un *trader* que antes era bajista y que compra para cubrir sus posiciones cortas.
3. Un nuevo alcista entra en el mercado y compra de un *trader* que antes era alcista y que vende su posición.
4. Un nuevo comprador y un nuevo vendedor acuerdan compras y ventas entre ellos.

A. Las posiciones abiertas se incrementan.
B. Las posiciones abiertas decrecen.
C. Las posiciones abiertas permanecen sin cambios.

Pregunta 5-9

Cuando las posiciones abiertas son crecientes, eso muestra que...

1. los alcistas se sienten con confianza y son agresivos.
2. la oferta de perdedores está creciendo.
3. la tendencia probablemente continúe.
4. los bajistas se sienten con confianza y son agresivos.

A. 1
B. 1 y 2
C. 1, 2 y 3
D. 1, 2, 3 y 4

Pregunta 5-10

A medida que los precios varían, ¿qué factores reflejan la fuerza de su movimiento?

1. La magnitud del cambio en el precio.
2. El volumen de negociación durante ese movimiento.
3. La dirección del movimiento.
4. Los mercados relacionados.

A. 1
B. 1 y 2
C. 1, 2 y 3
D. 1, 2, 3 y 4

Pregunta 5-11

La fórmula del índice de fuerza es…

A. $\text{Cierre}_{\text{hoy}} \bullet (\text{Volumen}_{\text{hoy}} - \text{Volumen}_{\text{ayer}})$.
B. $\text{Cierre}_{\text{hoy}} \bullet (\text{Volumen}_{\text{hoy}} + \text{Volumen}_{\text{ayer}})$.
C. $\text{Volumen}_{\text{hoy}} \bullet (\text{Cierre}_{\text{hoy}} + \text{Cierre}_{\text{ayer}})$.
D. $\text{Volumen}_{\text{hoy}} \bullet (\text{Cierre}_{\text{hoy}} - \text{Cierre}_{\text{ayer}})$.

Pregunta 5-12

¿Por qué se suaviza el índice de fuerza con una media móvil?

I. El histograma del índice de fuerza diario es demasiado dentellado.
II. Una MME de 2 días del índice de fuerza nos ayuda a encontrar puntos de entrada para operaciones.
III. Una MME de 13 días del índice de fuerza nos ayuda a encontrar cambios importantes en la fuerza de alcistas y bajistas.
IV. Las divergencias entre el índice de fuerza suavizado y los precios nos ayudan a identificar puntos de inflexión en los mercados.

A. I
B. I y II
C. I, II y III
D. I, II, III y IV

Pregunta 5-13

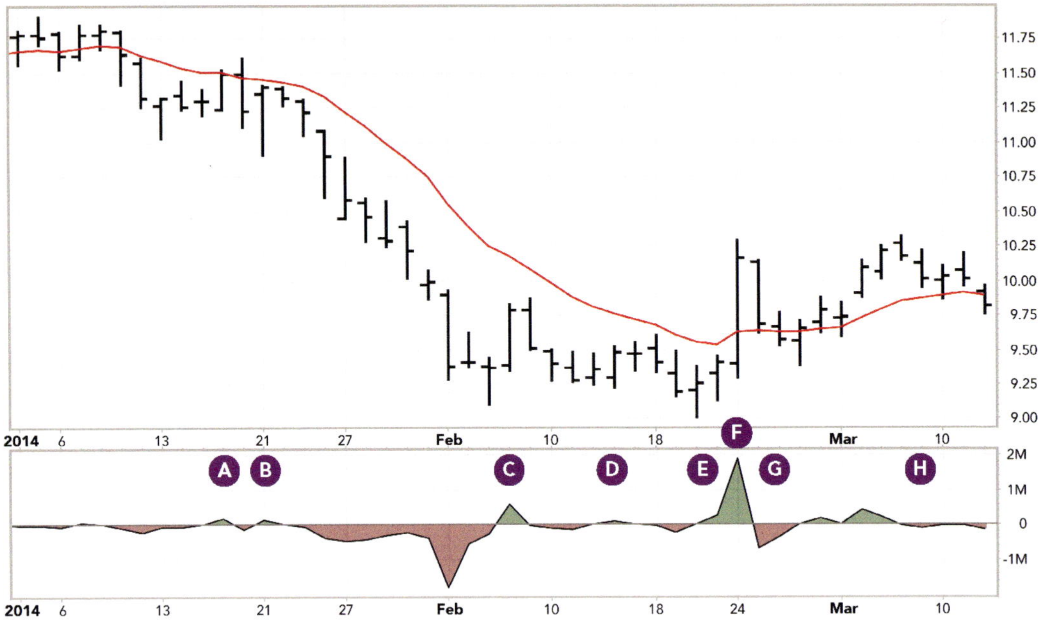

FIGURA 5.13 Scorpio Tankers, Inc. (STNG), MME de 13 días del precio, MME de 2 días del Índice de fuerza (*Gráfico de Stockcharts.com*).

Índice de fuerza, MME de dos días

Un índice de fuerza a corto plazo, suavizado con una MME de 2 días, nos ayuda a decidir cuándo entrar en operaciones en el sentido actual de la tendencia del precio, que podemos definir usando la pendiente de la MME del precio. El índice de fuerza también puede mostrar cuándo recoger beneficios a corto plazo. Indique las correspondencias entre las áreas identificadas con letras en el gráfico de la figura 5.13 y las siguientes afirmaciones.

1. Comprar.
2. Dejar de vender en corto, tratar de comprar.
3. Vender en corto.
4. Cubrir posiciones cortas.

Pregunta 5-14

En el borde derecho de la figura 5.13, el mensaje del índice de fuerza de 2 días es:

A. Quedarse al margen.
B. Ponerse en largo.
C. Vender en corto.

Pregunta 5-15

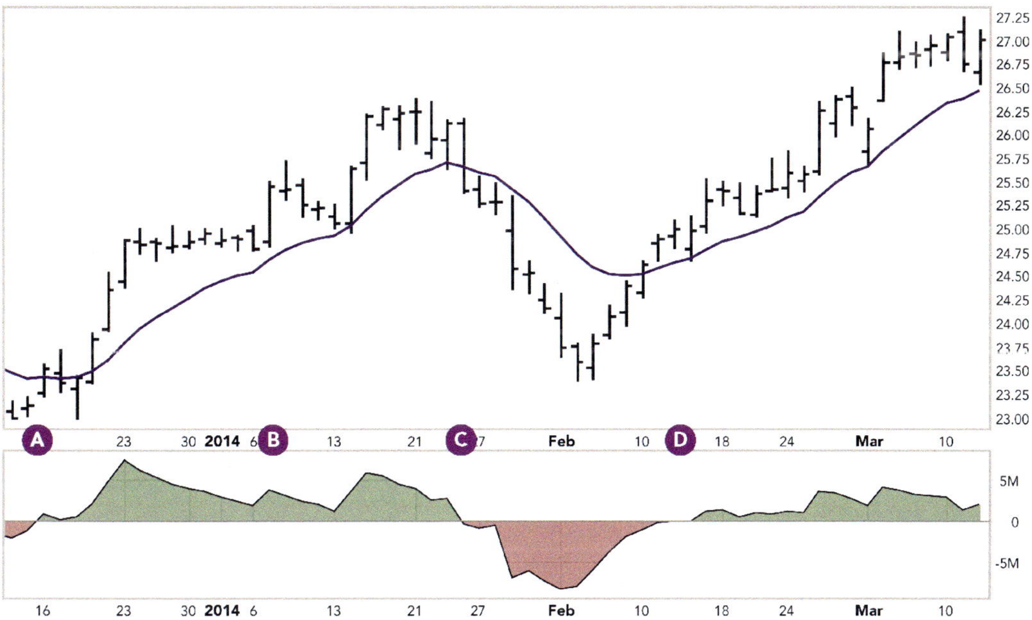

FIGURA 5.15 EMC Corp. (EMC), MME de 13 días del precio, MME de 13 días del índice de fuerza *(Gráfico de Stockcharts.com).*

Índice de fuerza, MME de 13 días

Un índice de fuerza a largo plazo, suavizado con una MME de 13 días, da diversos mensajes estratégicos. Indique las correspondencias entre las áreas identificadas con letras en el gráfico de la figura 5.15 y las siguientes afirmaciones.

1. Cruce bajista – operar en corto.
2. Cruce alcista – operar en largo.
3. La fuerza dominante se está debilitando.

Pregunta 5-16

En el borde derecho de la figura 5.15, el mensaje del índice de fuerza de 13 días es:

A. Mantense al margen.
B. Ponerse en largo.
C. Vender en corto.

Pregunta 5-17

La presencia de ciclos en los datos del mercado depende de…

1. los cambios en los fundamentos de la economía.
2. la avaricia durante las épocas buenas y el miedo durante las épocas malas, entre productores y consumidores.
3. las oscilaciones entre pesimismo y optimismo de los *traders*.
4. las influencias planetarias.

A. 1
B. 1 y 2
C. 1, 2 y 3
D. 1, 2, 3 y 4

Pregunta 5-18

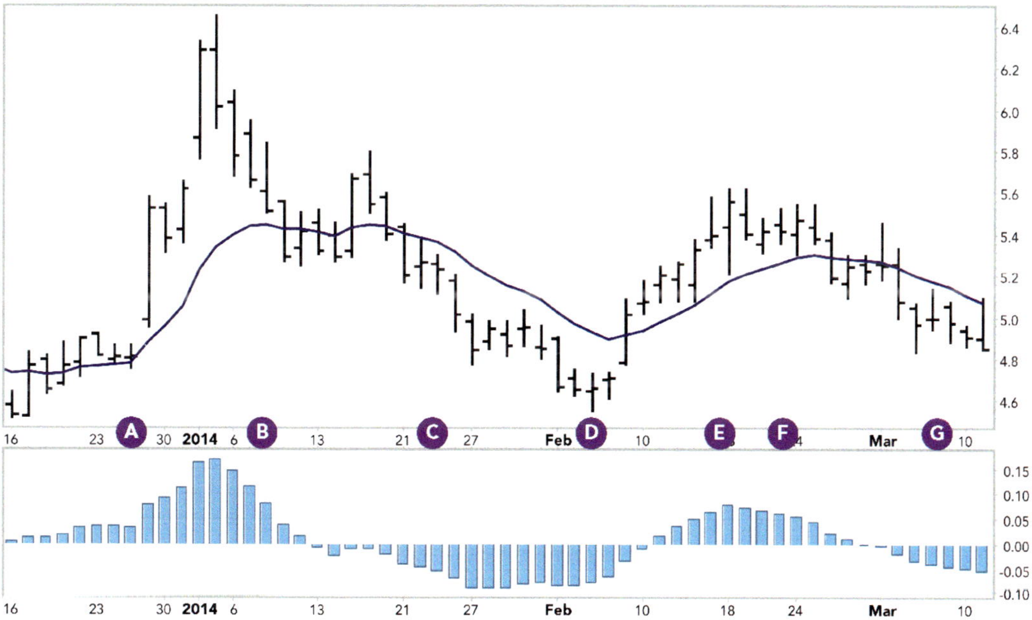

FIGURA 5.18 Molycorp, Inc. (MCP), MME del precio de 13 días, histograma MACD 12-26-9 *(Gráfico de Stockcharts.com).*

Las estaciones de los indicadores

Identifique las «estaciones de los indicadores» señalando las correspondencias con las letras en la figura 5.18.

1. Primavera; adoptar posiciones largas.
2. Verano; comenzar a recoger beneficios de posiciones largas.
3. Otoño; adoptar posiciones cortas.
4. Invierno; comenzar a recoger beneficios de posiciones cortas.

Pregunta 5-19

Los *traders* pueden analizar los mercados en mayor profundidad estudiándolos desde dos horizontes temporales. ¿Cuál de las siguientes combinaciones tiene más sentido?

A. Semanal y diario.
B. Mensual y diario.
C. Anual y diario.
D. Anual y semanal.

SEIS

Indicadores generales del mercado

Los mercados consisten en grandes masas de *traders*; sus compras y ventas crean olas de optimismo y pesimismo masivo. Las tendencias de los precios resultantes atraen a los que pasan por allí; las compras y ventas de estos últimos refuerzan esas tendencias, conduciéndolas a extremos insostenibles. Puede que los factores fundamentales de la economía rijan el mercado a largo plazo, pero la psicología de masas determina las tendencias a medio y a corto plazo.

Diversos indicadores toman el pulso del público del mercado respecto a acciones y futuros. Los indicadores que analizan los mercados bursátiles en conjunto son especialmente útiles para operar con futuros y opciones sobre índices. Dado que las tendencias amplias de mercado tienen influencia en la mayoría de las acciones, esas señales también son de ayuda para los *traders* que operan con acciones.

Los indicadores generales del mercado son de especial importancia para aquellos que operan en los Estados Unidos de América, donde diversos servicios consultivos los monitorizan. Los *traders* que se hallan en otras partes del planeta podrían beneficiarse del desarrollo de herramientas similares en sus propios países.

Preguntas	1.er intento	2.º intento	3.er intento	4.º intento	5.º intento
1					
2					
3					
4					
5					
6					
7					
8					
9					
10					
11					
12					
Respuestas correctas					

Pregunta 6-1

El índice nuevos máximos – nuevos mínimos (NH-NL)...

1. mide el número de nuevos máximos de una sesión.
2. hace un seguimiento del número de las acciones más débiles en la bolsa.
3. mide el número de nuevos mínimos de una sesión.
4. hace un seguimiento del número de las acciones más fuertes en la bolsa.

A. 1 y 3
B. 2 y 4
C. 1, 2, 3 y 4
D. Ninguna de las anteriores

Pregunta 6-2

Indique las correspondencias entre los siguientes patrones del NH-NL y sus mensajes sobre el mercado.

1. El NH-NL es positivo; sube a un nuevo máximo para el movimiento.
2. El mercado bursátil cae a un nuevo mínimo; el NH-NL traza un valle más alto.
3. El NH-NL es negativo; baja a un nuevo mínimo para el movimiento.
4. El mercado bursátil alcanza un nuevo pico; el NH-NL traza un pico más bajo.

A. El liderazgo bajista es fuerte; operar desde posiciones cortas.
B. La divergencia bajista muestra que los alcistas están debilitándose; comenzar a recoger beneficios de posiciones largas y tratar de ponerse en corto.
C. La divergencia alcista muestra que los bajistas están debilitándose; comenzar a recoger beneficios de posiciones cortas y tratar de ponerse en largo.
D. El liderazgo alcista es fuerte; operar desde posiciones largas.

Pregunta 6-3

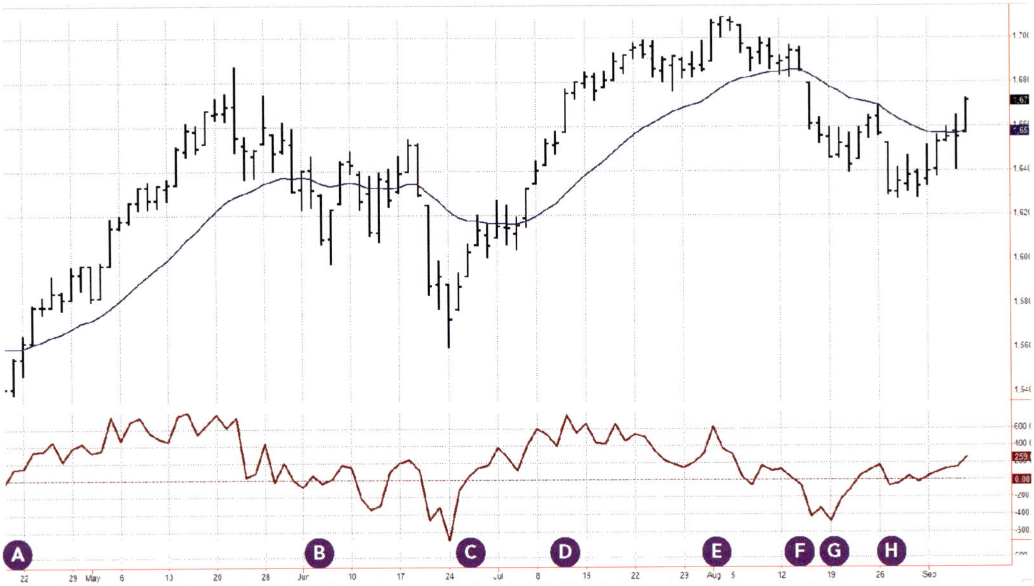

FIGURA 6.3 S&P 500, MME de 22 días, índice nuevos máximos – nuevos mínimos, período de análisis del pasado de un año *(Datos sobre NH-NL de Barchart.com, gráfico de TradeStation).*

El índice nuevos máximos – nuevos mínimos

Identifique los siguientes patrones indicando las correspondencias entre ellos y las letras en el gráfico del NH-NL de la figura 6.3. Una de las letras del gráfico no corresponde a ninguno de los patrones descritos.

1. Los alcistas predominan; operar desde posiciones largas.
2. Los bajistas predominan; operar desde posiciones cortas.
3. Divergencia alcista; recoger beneficios de posiciones cortas y prepararse para ponerse en largo.
4. Divergencia bajista; recoger beneficios de posiciones largas y prepararse para ponerse en corto.

Pregunta 6-4

En el borde derecho de la figura 6.3, el NH-NL nos dice que…

1. el NH-NL se encuentra en sobrecompra; vender en corto.
2. el NH-NL es positivo y creciente; ponerse en largo.
3. no se da una divergencia alcista; mantenerse al margen.
4. las señales para operar son mixtas; mantenerse al margen.

Pregunta 6-5

¿Cuáles de las siguientes afirmaciones se aplican a la línea avance/retroceso?

1. Hace un seguimiento del número de acciones que suben y bajan.
2. Indica la fuerza cuando sube a un nuevo máximo, y la debilidad cuando cae a un nuevo mínimo.
3. El patrón de los picos y valles del A/R es más importante que su nivel.
4. Muestra cuándo el volumen confirma los movimientos de los precios.

A. 1
B. 1 y 2
C. 1, 2 y 3
D. 1, 2, 3 y 4

Pregunta 6-6

Cuando el consenso alcista en el mercado bursátil sube hasta un nuevo máximo de récord, muestra que…

1. el mercado se encuentra cerca de la cima; comenzar a vender y buscar potenciales posiciones en corto.
2. la tendencia al alza es fuerte; ponerse en largo.
3. no hay suficientes nuevos compradores para sostener al mercado.
4. se deberían doblar las posiciones en largo.

A. 1
B. 1 y 3
C. 2
D. 2 y 4

Pregunta 6-7

Durante una poderosa tendencia al alza en los futuros sobre cobre, el consenso alcista sube el 75 %. Esto significa que…

A. el bajista medio ha invertido tres veces más dinero que el alcista medio.
B. el bajista medio ha invertido aproximadamente tanto dinero como el alcista medio.
C. el alcista medio ha invertido tres veces más dinero que el bajista medio.
D. no hay suficiente información para decidir quién ha invertido más dinero.

Pregunta 6-8

Una cosecha abundante de maíz hace aumentar la oferta y manda los futuros sobre maíz a un mercado bajista. A medida que los precios descienden, el consenso alcista cae al 20 %. Esto significa que…

A. el alcista medio ha invertido cinco veces más dinero que el bajista medio.
B. el alcista medio ha invertido aproximadamente tanto dinero como el bajista medio.
C. el bajista medio ha invertido cuatro veces más dinero que el alcista medio.
D. el alcista medio ha invertido cuatro veces más dinero que el bajista medio.

Pregunta 6-9

Su periódico informa de que los precios del café están a los niveles más altos de los últimos seis años; un programa de televisión muestra nieve en las zonas de Brasil en donde se planta café, y su suegra le dice que ha comprado 10 libras de café instantáneo antes de que los precios suban más. Su respuesta como *trader* es planear…

A. ponerse en largo en futuros sobre café o con opciones de compra.
B. ponerse en corto en futuros sobre café o con opciones de venta.
C. ponerse en largo en futuros sobre cacao, como jugada sobre un movimiento de ponerse al nivel del café.
D. comprar oro, ya que la subida del café es una señal de inflación.

Pregunta 6-10

Indique las correspondencias entre las siguientes afirmaciones sobre las posiciones de los *traders*.

1. Límites de las posiciones.
2. Obligaciones de reporte de información.
3. Uso de información privilegiada.
4. *Hedging* o cobertura de riesgos.

A. El nivel al que sus operaciones deben ser reportadas a una agencia gubernamental.
B. Entrar en una operación con futuros para compensar una posición en una materia prima o mercancía (*commodity*).
C. Pueden ser excedidos por *traders* comerciales.
D. Es legal en los mercados de futuros.

Pregunta 6-11

Indique las correspondencias entre las siguientes afirmaciones y los diferentes grupos de participantes en el mercado.

1. Pequeños especuladores.
2. Grandes especuladores.
3. *Traders* comerciales.
4. *Insiders* con información privilegiada.

A. Tienen contratos que sobrepasan los niveles a partir de los que se requiere reportar información.
B. Cubren riesgos relacionados con su negocio.
C. Empleados y grandes accionistas.
D. El grupo que es más probable que pierda en el mercado.

Pregunta 6-12

Un mercado bajista lleva 11 meses en esa tendencia; usted hace seguimiento de las acciones de una compañía, y ésta informa de unos beneficios trimestrales más bajos; sus dos vicepresidentes y un accionista importante compran estas acciones; la acción está un dólar por encima del mínimo del último año. Como inversor, usted…

A. se pondrá en corto inmediatamente (hay un mercado bajista en juego).
B. se pondrá en largo inmediatamente (los *insiders* están comprando).
C. se mantendrá al margen del mercado hasta que empiece el siguiente mercado alcista.
D. comenzará a construir una posición en largo.

SIETE

Sistemas de inversión

Un sistema de inversión ofrece un árbol de decisión para configurar las entradas, objetivos y *stops*. Es un instrumento útil, pero no es un artilugio mágico que pueda afinarse con datos históricos para luego ponerlo en piloto automático y, sin esfuerzo alguno, extraer beneficios de los mercados.

Uno desarrolla un sistema de inversión en la calma de su oficina, cuando el ruido de los mercados se ha tranquilizado. Un sistema diseñado cuidadosamente acaba siendo la isla de estabilidad e inteligencia en el entorno tempestuoso del mercado. Un sistema confiable le ayudará a mantener el control mientras la marea de las emociones colectivas hace que la gente pierda la cabeza.

Este capítulo evaluará su conocimiento de diversos sistemas de inversión que han aguantado el paso del tiempo. Mientras responde a las preguntas, considere si comenzar a operar con uno de estos sistemas, o si usarlos como el punto de partida para el desarrollo de su propio sistema.

Preguntas	1.er intento	2.º intento	3.er intento	4.º intento	5.º intento
1					
2					
3					
4					
5					
6					
7					
8					
9					
10					
11					
12					
13					
14					
15					
16					
Respuestas correctas					

Pregunta 7-1

¿Cuáles de las siguientes afirmaciones puede ser cierta al mismo tiempo en cualquier mercado?

I. La tendencia va al alza.
II. La tendencia va a la baja.
III. Un indicador da una señal de compra.
IV. Un indicador da una señal de venta.

A. I y III
B. II y IV
C. I, II, III y IV
D. Ninguna de las anteriores

Pregunta 7-2

Cuando se está intentando encontrar una operación en un gráfico diario...

A. debemos centrar toda nuestra atención en ese gráfico.
B. debemos identificar la tendencia del gráfico semanal y usar el gráfico diario sólo para buscar operaciones en el mismo sentido que la tendencia semanal.
C. debemos encontrar una operación en el gráfico diario y comprobar si el gráfico semanal apunta en la misma dirección.
D. debemos identificar la tendencia del gráfico mensual y usar el gráfico diario sólo para buscar operaciones en el mismo sentido.

Pregunta 7-3

Cuando exploramos un sistema de inversión potencial, todos los pasos siguientes son esenciales, *excepto*...

A. trabajar con datos históricos yendo de barra en barra.
B. testear hacia adelante con cantidades de dinero pequeñas.
C. buscar la opinión de otros usuarios del sistema.
D. llevar un registro de todas las operaciones.

Pregunta 7-4
Los números esenciales que deben anotarse antes de entrar en toda operación incluyen todos los siguientes, *excepto*…

A. el precio, o un rango de precios, para la entrada.
B. los beneficios potenciales, en dólares.[1]
C. el objetivo de la operación.
D. el *stop* de protección.

Pregunta 7-5
Si se usa la pendiente del histograma MACD semanal como primer filtro del sistema de inversión de triple pantalla,[2] y esta pendiente es negativa, se deberá…

I. Adoptar posiciones largas.
II. Adoptar posiciones cortas.
III. Mantenerse al margen.
IV. Todas las anteriores.

A. I y III
B. II y III
C. III
D. IV

Pregunta 7-6
El primer filtro del sistema de triple pantalla apunta al alza. Si se usa un estocástico de 5 días como segundo filtro, y éste sube a 85, se deberá…

A. adoptar posiciones largas inmediatamente.
B. adoptar posiciones cortas inmediatamente.
C. esperar a que el estocástico caiga por debajo de 40 y entonces ponerse en largo.
D. esperar a que el estocástico caiga por debajo de 40 y entonces ponerse en corto.

---

1. O en la divisa con la que se esté operando. *(N. del T.)*
2. Este sistema es conocido en castellano como *triple pantalla*, aunque la traducción correcta sería *triple filtro*. Mantenemos el nombre para evitar confusiones, ya que su uso está muy extendido, pero el lector debe tener claro que se trata de tres filtros para filtrar operaciones potenciales. *(N. del T.)*

Pregunta 7-7

La tendencia semanal va al alza, pero el descenso de los últimos días ha empujado a la MME de 2 días del índice de fuerza, que hemos usado como segundo filtro, por debajo de cero. El siguiente paso es…

A. esperar a que ambos filtros estén en sintonía.
B. introducir una orden de compra por encima del máximo del día anterior.
C. introducir una orden de venta en corto por debajo del mínimo del día anterior.
D. cerrar todas las posiciones abiertas.

Pregunta 7-8

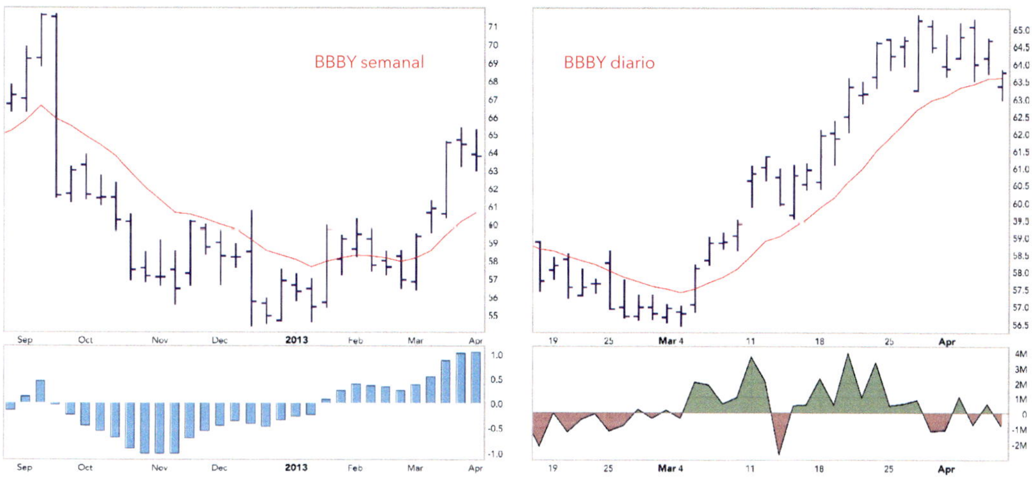

FIGURA 7.8 A la izquierda: gráfico semanal de BBBY con MME de 13 barras e histograma MACD 12-26-9. A la derecha: gráfico diario de BBBY con MME de 13 barras e índice de fuerza de 2 barras *(Gráfico de Stockcharts.com)*.

Sistema de triple pantalla

En los márgenes derechos de estos dos gráficos, en la figura 7.8, el sistema de triple pantalla nos está diciendo que…

A. la tendencia semanal va al alza; la tendencia diaria va al alza; adoptar posiciones largas inmediatamente.
B. el índice de fuerza diario muestra una divergencia bajista; ponerse en corto inmediatamente.
C. la tendencia semanal va al alza y el índice de fuerza diario está en sobreventas; introducir una orden de compra por encima del máximo de la última barra diaria.
D. las tendencias semanal y diaria apuntan en sentidos contrarios; mantenerse al margen.

Pregunta 7-9

Indique las correspondencias entre las siguientes afirmaciones acerca del sistema de triple pantalla y las acciones indicadas.

I. La tendencia semanal va al alza; la tendencia diaria va al alza.
II. La tendencia semanal va al alza; la tendencia diaria va a la baja.
III. La tendencia semanal va a la baja; la tendencia diaria va al alza.
IV. La tendencia semanal va a la baja; la tendencia diaria va a la baja.

A. Comenzar a introducir órdenes de compra.
B. Comenzar a introducir órdenes de venta en corto.
C. Mantenerse al margen.

Pregunta 7-10

¿Cuál de las siguientes afirmaciones acerca del sistema Impulso es *incorrecta*?

A. El sistema Impulso le dice a los *traders* cuándo comprar o vender.
B. La pendiente de una media móvil rápida refleja el sentido de la inercia del mercado.
C. La pendiente de las dos últimas barras del histograma MACD refleja el sentido de la fuerza del mercado.
D. El sistema Impulso elimina la prohibición de comprar o vender en corto cuando cambia de color.

Pregunta 7-11

Indique las correspondencias entre las siguientes lecturas de los indicadores y los mensajes del sistema Impulso.

1. La MME es creciente. El histograma MACD es creciente.
2. La MME es creciente. El histograma MACD es decreciente.
3. La MME es decreciente. El histograma MACD es decreciente.
4. La MME es decreciente. El histograma MACD es creciente.

A. El sistema Impulso está en verde (alcista).
B. El sistema Impulso está en rojo (bajista).
C. El sistema Impulso está en azul (neutral).

Pregunta 7-12

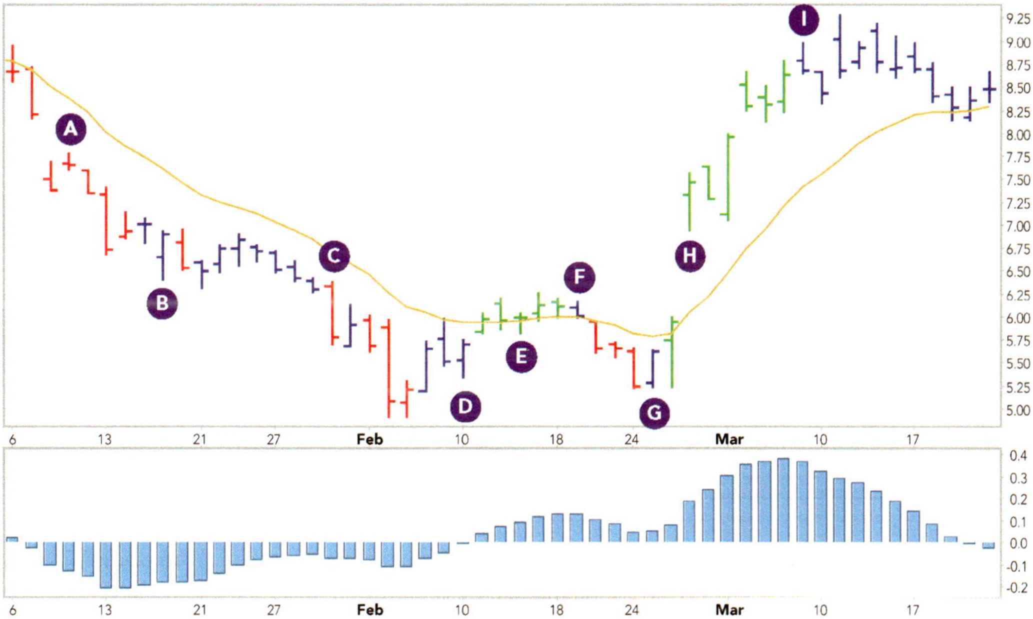

FIGURA 7.12 JCP diario, MME de 13 barras, histograma MACD 12-26-9, sistema Impulso *(Gráfico de Stockcharts.com)*.

El sistema Impulso

Identifique las correspondencias entre las barras señaladas con letras en el gráfico de la figura 7.12 y las siguientes afirmaciones.

1. Se permite comprar o mantenerse al margen; prohibido vender en corto.
2. Se permite vender en corto o mantenerse al margen; prohibido comprar.
3. Se permite comprar, vender en corto o mantenerse al margen.

Pregunta 7-13

Tras observar el gráfico semanal de BBBY en la figura 7.8, ¿de qué color sería la barra que se encuentra más a la derecha si aplicáramos el sistema Impulso?

A. Verde.
B. Roja.
C. Azul.
D. No tenemos suficiente información para determinarlo.

Pregunta 7-14

La amplitud correcta de un canal sobre una media móvil…

A. es un secreto muy bien guardado por los *traders* profesionales.
B. contiene todos los precios de entre las 50 y 100 barras anteriores.
C. contiene alrededor del 90 % de los precios de entre las 50 y 100 barras anteriores.
D. contiene alrededor de la mitad de los precios de entre las 50 y 100 barras anteriores.

Pregunta 7-15

Indique las correspondencias entre las afirmaciones acerca de los canales de las medias móviles de los siguientes dos conjuntos de afirmaciones.

1. El mercado se encuentra infravalorado.
2. El mercado se encuentra sobrevalorado.
3. Depende de la volatilidad.
4. El mercado se encuentra valorado con bastante precisión.

A. La línea superior del canal.
B. La media móvil.
C. La línea inferior del canal.
D. Coeficiente del canal.

Pregunta 7-16

¿Qué afirmación acerca de los canales es *incorrecta*?

A. Adoptar posiciones largas, o cortas, en medio de un canal siempre ofrece operaciones atractivas, pues se está comprando o vendiendo a un precio en que existe consenso sobre el valor.
B. Cuando un canal sube abruptamente, una penetración al alza de la línea superior del canal indica que el mercado es fuerte y debería comprarse cuando vuelva a su media móvil.
C. Cuando un canal es relativamente llano, el mercado casi siempre presenta buenas compras cerca del suelo del canal de cotización, y buenas ventas cerca del techo.
D. Una ruptura por debajo de la línea inferior de un canal que cae abruptamente indica que el mercado es débil, y que una retirada a la media móvil ofrecerá una oportunidad de vender al descubierto.

OCHO

Vehículos de inversión

Algunos profesionales dicen: «Yo no opero con acciones, futuros ni opciones; yo opero con el dinero de mi cuenta». Se centran en el diseño de un sistema y en la gestión del riesgo, mientras que el objeto de sus operaciones son solo vehículos a los cuales su dinero se sube con la esperanza de que sea en la dirección correcta.[1]

Tenemos una enorme variedad de vehículos de inversión a nuestra disposición. Antes de centrarse en una clase en concreto, e incluso en un grupo aún más reducido dentro de esa clase, merece la pena conocer el resto de los instrumentos que se encuentran a nuestra disposición.

Este capítulo evaluará su conocimiento de las diversas clases principales de instrumentos de inversión. A medida que responde a las preguntas, piense sobre los instrumentos con los que está operando actualmente. Quizá decida ampliar su atención y operar con otro tipo de instrumento; y, por supuesto, siempre puede operar con más de un tipo.

1. Hace unos años, en Jordania, un guía beduino me preguntó acerca de mi profesión; le dije que operaba en Wall Street. Me llevó al mercado local, donde amigos suyos comerciaban con cabras; con un precio de unos 300 dólares por animal, eran una reserva de valor importante, en el desierto. Me preguntó si quería comerciar, pero yo reí y dije que, si llevásemos a sus *traders* del desierto a Wall Street y les enseñásemos a usar ordenadores, seguro que lo harían mejor que muchos *traders* locales.

Preguntas	1.er intento	2.º intento	3.er intento	4.º intento	5.º intento
1					
2					
3					
4					
5					
6					
7					
8					
9					
10					
11					
12					
Respuestas correctas					

Pregunta 8-1

A la hora de escoger un instrumento para operar, ¿cuál de las siguientes consideraciones *no es clave*?

A. Liquidez.
B. Volatilidad.
C. Popularidad.
D. Zona horaria.

Pregunta 8-2

Cuando se compran acciones, uno…

A. está dando un préstamo a la empresa.
B. está convirtiéndose en *insider*.
C. obtendrá beneficios si la empresa gana dinero.
D. se convierte en copropietario de la empresa.

Pregunta 8-3

¿Cuál es la sugerencia de Warren Buffett para lidiar con el «Sr. Mercado»?

I. Comprar cuando el Sr. Mercado está contento.
II. Vender cuando el Sr. Mercado está contento.
III. Vender cuando el Sr. Mercado está deprimido.
IV. Comprar cuando el Sr. Mercado está deprimido.

A. I
B. II
C. I y III
D. II y IV

Pregunta 8-4

Un fondo de inversión cotizado (ETF) es un vehículo de inversión que contiene activos, diseñado para cotizar como una acción. ¿Cuál de las siguientes afirmaciones acerca de los ETF es *incorrecta*?

A. Los ETF ofrecen una variedad limitada de activos.
B. Los ETF cotizan siguiendo vagamente los valores subyacentes.
C. Los gastos de administración de los ETF «trasquilan» o dan un «corte de pelo» a los beneficios.
D. Los ETF nos permiten comprar una clase de activos o un grupo de acciones.

Pregunta 8-5

Indique las correspondencias entre los siguientes conjuntos de afirmaciones referentes a las opciones.

I. Una apuesta a que la acción bajará.
II. Una apuesta a que la acción subirá.
III. Una opción de compra (*call*) cuya acción subyacente está por debajo del precio de ejercicio.
IV. Una opción de compra (*call*) cuya acción subyacente está por encima del precio de ejercicio.

A. Fuera de dinero.
B. Opción de venta (*put*).
C. En dinero.
D. Opción de compra (*call*).

Pregunta 8-6

Los precios de las opciones dependen de todos los factores siguientes, *excepto*...

A. la cercanía a la fecha de vencimiento de la opción.
B. la cercanía al precio de ejercicio de la opción.
C. cuán de cerca las acciones subyacentes sigan al resto en su sector o industria.
D. la volatilidad de las acciones subyacentes.

Pregunta 8-7

Indique las correspondencias entre las siguientes afirmaciones sobre opciones de compra y opciones de venta.

I. El precio de la acción subyacente sube.
II. El precio de la acción subyacente baja.
III. El precio de la acción subyacente permanece plano.

A. Rentable para compradores de *calls* (opciones de compra).
B. Rentable para compradores de *puts* (opciones de venta).
C. Rentable para los emisores de *calls* (opciones de compra).
D. Rentable para los emisores de *puts* (opciones de venta).

Pregunta 8-8
¿Cuál de los siguientes pasos orientados a la seguridad es preferible evitar cuando se emiten opciones?

A. Querer emitir opciones fuera de los niveles de precios que se espera que alcancen los valores subyacentes.
B. Situar un *stop* para salir de la posición con opciones si ésta se mueve en nuestra contra en una cantidad determinada.
C. Querer emitir opciones con Deltas bajas.
D. Abrir una cuenta de seguro.

Pregunta 8-9
¿Cuál es la mayor diferencia entre comprar futuros y opciones?

A. El número de posiciones largas y cortas.
B. Los futuros tienen una menor correlación entre sí que las opciones sobre acciones.
C. Existen miles de acciones sobre las que se pueden emitir opciones, pero solo docenas sobre las que se puede operar con futuros.
D. El comprador de una opción puede perder, como máximo, la prima inicial, mientras que un comprador de futuros puede perder mucho más.

Pregunta 8-10
El peligro principal en los mercados de futuros es…

A. la vida relativamente corta de sus contratos, en comparación con las acciones.
B. operar con depósitos de margen reducidos.
C. la existencia de límites diarios en los precios.
D. el uso de información privilegiada por parte de los coberturistas.

Pregunta 8-11

Indique las correspondencias entre las siguientes afirmaciones referentes a contratos de futuros.

I. Un contrato para la entrega de una materia prima o mercancía el mes siguiente cotiza por encima de las entregas más distantes.
II. Un *trader* abre una posición con futuros en dirección opuesta a su posición real –física– sobre la mercancía o materia prima.
III. Una inclemencia meteorológica importante amenaza la cosecha de algodón.
IV. Una ola de frío hace subir el precio del aceite para calefacción; un *trader* vende en corto el aceite para calefacción y se pone en largo en petróleo crudo.

A. Mercado liderado por la oferta.
B. Especulación en diferenciales (*spread trading* o *spreading*).
C. Mercado invertido.
D. Cobertura de riesgos.

Pregunta 8-12

¿Cuáles de las afirmaciones referentes al mercado Forex son correctas?

I. El mercado *Forex* no tiene sede central; los *traders* institucionales operan entre ellos.
II. Las casas de *Forex* tienden a aceptar las órdenes de sus clientes sin ejecutar operación alguna.
III. Los márgenes con una relación 1:30 y más alta ayudan a los *traders* a obtener beneficios.
IV. Las casas de Forex minoristas se ganan la vida con las comisiones.

A. I
B. I y II
C. I, II y III
D. I, II, III y IV

NUEVE

Gestión del riesgo

Incluso los sistemas brillantes no garantizan ganar en cada operación. Ésta es la razón por la que todo sistema debe incluir reglas para la gestión del riesgo. Muchos creadores de prometedores sistemas de inversión siempre pierden dinero a causa de un control del riesgo deficiente o inexistente.

Todos y cada uno de los sistemas sufren períodos de pérdidas. Es entonces cuando la gestión del riesgo representa la diferencia entre la vida y la muerte. Ningún sistema le servirá de nada si no gestiona el riesgo.

Los profesionales dedican gran parte de su tiempo a calcular cuánto dinero arriesgar en cada operación, y cuánto cambiar el tamaño de las operaciones, dependiendo de las condiciones del mercado y el capital de la cuenta. La gestión del riesgo es esencial para su supervivencia y éxito.

Tiene el deber consigo mismo de obtener una nota excelente en esta sección de la guía de estudio, ¡ningún otro resultado será satisfactorio! Como *traders* navegamos por un océano tormentoso. Las reglas de gestión del riesgo son nuestros botes y chalecos salvavidas. Asegúrese de que su equipo de seguridad está en buenas condiciones.

Preguntas	1.er intento	2.º intento	3.er intento	4.º intento	5.º intento
1					
2					
3					
4					
5					
6					
7					
8					
9					
10					
11					
12					
13					
14					
15					
16					
17					
Respuestas correctas					

Pregunta 9-1

Un *trader* siente que rebosa de júbilo tras las operaciones con beneficios, e indignado tras las operaciones con pérdidas. Esto significa que…

A. está en el camino correcto; es importante hacer caso de los sentimientos.
B. su mente está nublada por emociones que interfieren en la toma de buenas decisiones operativas.
C. debería doblar el tamaño de su posición cuando está contento y salir cuando se siente herido.
D. sentir indignación es una reacción correcta ante una operación con pérdidas.

Pregunta 9-2

Los *traders* se aferran a operaciones con pérdidas por todas las razones siguientes, *excepto*…

A. porque se encariñan con las posiciones.
B. porque odian admitir que estaban equivocados.
C. porque siguen planes de *trading* sólidos.
D. porque encajar pérdidas significa abandonar la esperanza.

Pregunta 9-3

Usted compra después de que los indicadores den un giro al alza. Dos días más tarde el mercado cae, los indicadores dan un giro a la baja y usted se encuentra con unas pérdidas potenciales de 200 dólares. Su *stop* inicial estaba 300 dólares por debajo del mercado, y el siguiente nivel de soporte está 350 dólares por debajo de su punto de entrada. ¿Qué hace?

A. Seguir en la operación, manteniendo el *stop*.
B. Encajar las pérdidas y quedarse al margen.
C. Doblar la posición para hacer bajar el precio medio.
D. Bajar el *stop* ligeramente por debajo del siguiente nivel de soporte lógico.

Pregunta 9-4

Dos *traders* deciden emplear el tiempo de su descanso lanzando una moneda al aire y apostando un dólar cada vez. El *trader* A juega con 3 dólares y el *trader* B, 10 dólares. La probabilidad de que el *trader* A acabe ganando al final del descanso se encuentra…

A. cerca del 100 %.
B. cerca del 50 %.
C. cerca del 0 %.
D. no tenemos suficiente información para dar una respuesta.

Pregunta 9-5
Clasifique por orden de importancia los siguientes tres objetivos de gestión del dinero.

I. Obtener grandes beneficios.
II. Asegurarse la supervivencia.
III. Obtener una tasa de rentabilidad constante.

A. I, II, III
B. II, III, I
C. III, II, I

Pregunta 9-6
¿La utilidad de cuáles de las siguientes reglas ha quedado demostrada por la experiencia?

I. Jamás responder a una llamada de margen enviando más dinero.
II. Jamás incrementar la posición para «reducir» el coste medio.
III. El primer error es el más barato.
IV. Si uno tiene que dejar ir lastre, liquidar la peor posición que se tenga.

A. I
B. I y II
C. I, II y III
D. I, II, III y IV

Pregunta 9-7
Cuando uno se encuentra a sí mismo contando el dinero en medio de una operación, debería...

I. parar, y si no puede, cerrar la operación.
II. contar el dinero para calcular los *stops*.
III. contar el dinero para calcular los objetivos de beneficios.
IV. imprimir una gráfica de sus beneficios potenciales aún no realizados.

A. I
B. I y II
C. I, II y III
D. I, II, III y IV

Pregunta 9-8

Su sistema de *trading* le señala una operación con unos beneficios potenciales atractivos y un *stop* de 0,98 dólares por acción por debajo del precio de entrada. Usted tiene 28.000 dólares en su cuenta. Siguiendo la regla del 2 %, ¿cuántas acciones podrá comprar?

A. 300.
B. 400.
C. 500.
D. 600.

Pregunta 9-9

Usted compra 300 acciones de un valor al alza, y éste sube 3 dólares. Ahora debería pensar en:

I. Dónde recolocar su *stop*.
II. Si debería mover su objetivo.
III. Cuántos dólares ha ganado hasta ahora.
IV. Cuánto habría ganado si hubiese comprado 600 acciones.

A. I
B. I y II
C. I, II y III
D. I, II, III y IV

Pregunta 9-10

¿Cuáles de las siguientes afirmaciones acerca de los *stops* son ciertas?

I. Cuando uno está en largo, no debe mover el *stop* hacia abajo.
II. Cuando uno está en corto, puede mover el *stop* hacia abajo.
III. Cuando uno está en largo, puede mover el *stop* hacia arriba.
IV. Cuando uno está en corto, no debe mover el *stop* hacia arriba.

A. I y IV
B. II y III
C. Ninguna de las anteriores
D. Todas las anteriores

Pregunta 9-11

Una orden *stop-loss*…

I. limita las pérdidas que se pueden sufrir en una mala operación.
II. reduce nuestro nivel de estrés.
III. limita el daño que se puede sufrir a causa de un mal sistema de *trading*.
IV. garantiza que las pérdidas no excedan una cierta cantidad.

A. I
B. I y II
C. I, II y III
D. I, II, III y IV

Pregunta 9-12

¿Cuáles de los siguientes *traders* están cumpliendo la regla del 2 %?

I. Trader A: 18.000 dólares en su cuenta, ha comprado 200 acciones a 20 dólares, ha situado cl *stop* cn 18 dólares.
II. Trader B: 50.000 dólares en su cuenta, ha comprado 400 acciones a 20 dólares, ha situado el *stop* en 18 dólares.
III. Trader C: 25.000 dólares en su cuenta, ha comprado 400 acciones a 20 dólares, ha situado el *stop* en 19 dólares.
IV. Trader D: 60.000 dólares en su cuenta, ha comprado 1500 acciones a 20 dólares, ha situado el *stop* en 19 dólares.

A. I y II
B. II y III
C. III y IV
D. I, II, III y IV

Pregunta 9-13

¿Qué *dos errores* de esta lista son los más mortíferos para los *traders*?

I. Operar a partir de rumores y de oídas.
II. Operar sin *stops*.
III. Olvidarse de hacer un seguimiento de las operaciones activas.
IV. Iniciar operaciones con posiciones demasiado grandes con relación a su cuenta.

A. I y II
B. II y III
C. I y IV
D. II y IV

Pregunta 9-14

El triángulo de hierro del control del riesgo nos dice cuántas acciones podemos comprar o vender al descubierto… ¿efectuando qué operación?

A. Sustraer la entrada del precio objetivo.
B. Dividir el precio objetivo por el *stop*.
C. Sumar el *stop* al precio objetivo.
D. Dividir el riesgo total en dólares[1] por el riesgo por acción.

Pregunta 9-15

¿Cuál de entre las siguientes afirmaciones acerca de la regla del 6 % es correcta?

A. No se debe arriesgar más del 6 % del capital de una cuenta en ninguna operación individual.
B. Si se arriesga un 2 % por operación y se sufre tres operaciones con pérdidas seguidas el mismo mes, se deberá reducir el riesgo en las siguientes tres operaciones.
C. Si se arriesga un 2 % por operación y se sufre tres operaciones con pérdidas seguidas, ya no se debe operar más en lo que queda de mes.
D. Las pérdidas teóricas, o potenciales, en operaciones activas no contabilizan a la hora de aplicar el límite de la regla del 6 %.

---

1. O en la divisa con la que se esté operando. *(N. del T.)*

Pregunta 9-16

Cuando se calcula el «riesgo disponible» para usted, la regla del 6 % tiene en cuenta todo lo siguiente, *excepto*:

A. Los beneficios teóricos, o potenciales, del mes.
B. Las pérdidas totales del mes.
C. Las cantidades en juego en operaciones activas.
D. Qué ocurriría si todas las operaciones en activo se pusieran en números rojos.

Pregunta 9-17

Todas las afirmaciones siguientes son de aplicación cuando uno vuelve al *trading* después de sufrir pérdidas severas, *excepto*:

A. Comenzar operando con cantidades pequeñas, e ir incrementándolas escalonadamente después de alcanzar los objetivos de rendimiento.
B. Entrar en las operaciones con posiciones de tamaño completo: se debe lidiar con los miedos haciéndoles frente.
C. Ser uno mismo el gestor de las operaciones, centrándose en la gestión del riesgo.
D. Ajustar la regla del 2 % a un porcentaje menor.

DIEZ

Detalles prácticos

Una vez estaba en una sala en que un analista técnico de fama mundial estaba dando una lección sobre el oro. Proyectó sus gráficos en una pantalla, señalando tendencias y cambios de tendencia potenciales. Uno de los *traders* de entre el público levantó la mano: «Entonces, si se encontrase en el borde derecho [del gráfico], ¿usted compraría o vendería?». El gran experto reflexionó sobre lo que mostraba la pantalla, y profirió, con dificultad: «Bueno, estoy seguro de que en dos o tres semanas la respuesta a eso será muy clara». El *trader* se lo quedó mirando, sin comprender nada.

En el *trading*, uno no se puede permitir el lujo de esperar un par de semanas para obtener una respuesta. Tiene que tomar una decisión ahora, hoy; qué se hará en el borde derecho del gráfico: comprar, vender o quedarse al margen. Quedarse al margen, por cierto, es una opción legítima. Si decide operar, tendrá que pensar dónde entrar, fijar objetivos y situar *stops*.

Los *traders* utilizan una amplia variedad de métodos para realizar estas tareas. En este capítulo repasaremos los métodos que se describen en *El nuevo vivir del* trading.

Preguntas	**1.er intento**	**2.º intento**	**3.er intento**	**4.º intento**	**5.º intento**
1					
2					
3					
4					
5					
6					
7					
8					
9					
10					
11					
12					
Respuestas correctas					

Pregunta 10-1

El método menos aconsejable de entrar en una posición en larga es comprar…

A. una ruptura por encima del máximo del día anterior.
B. una ruptura por encima del canal.
C. una retirada a la zona de valor.
D. una penetración dentro de la zona de valor.

Pregunta 10-2

El oro se encuentra en una tendencia al alza, confirmada por una subida de la media móvil. Cada pocas semanas se da un pánico breve, cuando los precios bajan repentinamente por debajo de su media móvil antes de continuar su tendencia al alza. Hace tres meses los precios cayeron repentinamente 2,50 dólares por debajo de su MME; hace dos meses, 1,50 dólares, y el mes pasado, 4 dólares. ¿Cuán por debajo de la MME consideraría usted introducir una orden de compra?

A. Justo por debajo de la MME.
B. 1 dólar por debajo.
C. 3 dólares por debajo.
D. 5 dólares por debajo.

Pregunta 10-3

Si está comprando alrededor de una media móvil al alza, un objetivo de beneficio razonable sería…

A. la línea del canal superior.
B. la línea del canal inferior.
C. una distancia por encima de la MME que sea igual a la de la última penetración hacia abajo.
D. cuando la media móvil cambie de tendencia, a la baja.

Pregunta 10-4

La mejor manera de establecer objetivos de beneficio para operaciones a largo plazo es haciéndolo a partir de…

A. medias móviles.
B. canales.
C. divergencias.
D. soporte y resistencia.

Pregunta 10-5
¿Cuál de las siguientes afirmaciones acerca de los *stops* es *incorrecta*?

A. Conducen a vuelcos inesperados.
B. Permiten calcular ratios riesgo/beneficio.
C. Limitan las cantidades máximas de las pérdidas.
D. Nos dan una idea de la pérdida máxima que se puede sufrir en una operación.

Pregunta 10-6
¿Cuál de los siguientes métodos para situar *stops* es útil para evitar ser víctima del «ruido de mercado»?

I. Los *stops* situados fuera del canal –o envolvente– de precios.
II. Los *stops* en la zona de seguridad.
III. Los *stops* ATR.
IV. Los *stops* con base en el soporte o la resistencia.

A. I
B. I y II
C. I, II y III
D. I, II, III y IV

Pregunta 10-7
¿Cuáles de las siguientes reglas son aplicables a la hora de situar *stops*?

I. No situar *stops* en niveles obvios.
II. No situar *stops* en números redondos.
III. Mover los *stops* para proteger las operaciones con ganancias, para que no se conviertan en operaciones con pérdidas.
IV. Mover el *stop* solo en el sentido de la operación.

A. I
B. I y II
C. I, II y III
D. I, II, III y IV

Pregunta 10-8

El máximo de la barra diaria es 23 dólares, y el mínimo, 21 dólares. Usted compra a 21,50 dólares. ¿Qué nota obtiene su compra?

A. 25 %.
B. 50 %.
C. 75 %.
D. Ninguna de las anteriores.

Pregunta 10-9

El máximo de la barra diaria es 29 dólares, y el mínimo, 26 dólares. Usted vende a 27 dólares. ¿Qué nota obtiene su venta?

A. 33 %.
B. 50 %.
C. 66 %.
D. 75 %.

Pregunta 10-10

La tendencia, definida según la pendiente de la MME, es alcista. El día que usted compra, la línea del canal superior está en 32,50 dólares, y la línea del canal inferior está en 26,50 dólares. Usted se pone en largo a 29 dólares, y vende unos días más tarde a 31 dólares. ¿Qué nota obtiene su operación?

A. 25 %.
B. 33 %.
C. 50 %.
D. 66 %.

Pregunta 10-11

¿Cuál de las siguientes afirmaciones acerca del escaneo es *incorrecta*?

A. Un escaneo puede que cubra mil acciones.
B. Un escaneo encuentra acciones que encajan un patrón que nosotros definimos.
C. Un escaneo bien diseñado encuentra operaciones rentables.
D. Uno puede escanear grupos de acciones por industrias, además de acciones individuales.

Pregunta 10-12

Las reglas negativas para el escaneo pueden filtrar acciones para desestimarlas basándose en todos los criterios siguientes, *excepto*:

A. No rentabilidad.
B. Tendencia a la baja.
C. Niveles de volumen insuficiente.
D. Demasiado baratas, o demasiado caras.

ONCE

Cómo llevar un buen registro

Llevar un buen registro nos ayuda a identificar errores del pasado y a evitar repetirlos. Un buen registro deja claro qué pasos le reportaron beneficios, para así poder repetirlos en el futuro.

Unos registros bien llevados conectan la psicología, el análisis del mercado y la gestión del riesgo. Son la mejor herramienta para desarrollar y para mantener la disciplina.

Para mejorar su rendimiento, deberá aprender de la experiencia, y eso precisamente es lo que nos permite hacer un buen sistema de registro. Se trata de la habilidad más importante en su crecimiento como *trader*.

Preguntas	**1.er intento**	**2.o intento**	**3.er intento**	**4.o intento**	**5.o intento**
1					
2					
3					
4					
5					
6					
7					
8					
9					
Respuestas correctas					

Pregunta 11-1

Llevar un buen registro es útil para conseguir todo lo siguiente, *excepto*:

A. Mayor disciplina.
B. *Trading* menos impulsivo.
C. Dejar de cometer errores.
D. Convertirse en el maestro de uno mismo.

Pregunta 11-2

¿Por qué razón es especialmente importante realizar una rutina matinal con deberes diarios?

A. Nos ayuda a despertarnos.
B. Nos permite dar una ojeada a noticias e informes relevantes para el *trading* de ese día.
C. Nos permite evaluar el rendimiento del día anterior.
D. Nos permite ajustar los *stops*.

Pregunta 11-3

¿Cuál es el propósito principal de realizar un test psicológico autoadministrado antes de la apertura del mercado?

I. Para evaluar su estado anímico.
II. Para evaluar su disposición a operar.
III. Para ver qué días no debería operar.
IV. Para estar preparado para operar con mayores posiciones los días que obtenga una puntuación perfecta.

A. I y II
B. II y III
C. III y IV
D. I y IV

Pregunta 11-4

Un plan operativo debe incluir todo lo siguiente, *excepto*:

A. La estrategia que usaremos.
B. La entrada, la salida, y el *stop*.
C. La cantidad de dinero que arriesgaremos.
D. La cantidad de dinero que planeamos ganar.

Pregunta 11-5

¿Cuáles de entre las siguientes afirmaciones acerca del uso del Apgar para operaciones son correctas?

I. Cuantas más preguntas nos hagamos acerca de nuestro plan, más preparados estaremos para operar.
II. Se debe mantener el número de preguntas sobre el plan operativo en cinco o menos.
III. Se debe escribir respuestas detalladas a las preguntas y ponderarlas con cuidado.
IV. Se debe utilizar solo una de entre las siguientes tres respuestas: sí, no, o algún punto en medio.

A. I y III
B. II y IV
C. I y IV
D. II y III

Pregunta 11-6

Completar una hoja de operación antes de entrar en una operación nos obliga a centrarnos en ¿cuáles de entre los siguientes factores?

I. Entrada, salida y *stop*.
II. Las fechas de los informes de resultados y dividendos.
III. La estrategia con la que operaremos.
IV. La cantidad de riesgo y el tamaño de la posición.

A. I
B. I y II
C. I, II y III
D. I, II, III y IV

Pregunta 11-7

Después de entrar en una operación, su hoja de operación debería documentar… ¿cuáles de entre los siguientes?

I. Posición de los *stops*, tanto suaves como fuertes, si usa ambos.
II. El nivel al que moverá su *stop* hasta el punto muerto.
III. El hecho de haber realizado una entrada en el diario de operaciones.
IV. La cantidad del beneficio objetivo.

A. I
B. I y II
C. I, II y III
D. I, II, III y IV

Pregunta 11-8

¿Qué afirmación acerca de la revisión de operaciones cerradas es correcta?

A. Preste total atención a las operaciones actuales, no se quede atrapado en el pasado.
B. Las pérdidas son demasiado dolorosas en el momento en que se encajan; no tiene sentido recordarlas.
C. Invierta su tiempo planificando el futuro, no pensando sobre el pasado.
D. Aprenda de los errores pasados para no repetirlos.

Pregunta 11-9

La parte más educativa de un diario de operaciones es…

A. documentar nuestra estrategia.
B. añadir gráficos de entradas y salidas.
C. añadir un gráfico de seguimiento semanas o meses después de una operación.
D. documentar las entradas, salidas y notas de operaciones.

SEGUNDA PARTE

Respuestas y comentarios

Introducción

Respuesta 0-1: C (I y IV).
Los analistas que practican el análisis fundamental estudian las condiciones económicas; los analistas técnicos se centran en la conducta del mercado. Ambos pueden ayudarle a encontrar buenas oportunidades para operar.

Los consejos pueden tener trampa: casi siempre llegan tarde; además, la persona que le da el consejo para que compre casi nunca le dirá cuándo vender. Los consejos pueden usarse solo si los hacemos pasar por nuestro sistema de toma de decisiones. El uso de información privilegiada es constitutivo de delito en la mayoría de los países desarrollados.

Respuesta 0-2: C.
Los tres pilares del éxito en el *trading* son una psicología saludable, un buen método analítico y una gestión del dinero cuidadosa. El buen *trader* que posee un método de análisis sólido es como si se tratase de un *insider*.

Respuesta 0-3: A.
La mejor actitud es la de escepticismo benigno. Tome prestadas las ideas que le parezca que tienen sentido y póngalas a prueba en el crisol de su propia experiencia. Comience operando con posiciones pequeñas, e increméntelas gradualmente a medida que gana confianza.

Respuesta 0-4: D.
El deslizamiento y las comisiones ponen el «campo de juego» cuesta arriba, en contra de la mayoría de *traders*; operar siguiendo emociones es su estocada final. El robo es un factor poco importante en los mercados bien regulados.

Respuesta 0-5: D.

Cuando el ganador recibe menos de lo que pierde el perdedor, a esa transacción se la llama «juego de suma negativa». Las comisiones y el deslizamiento hacen del *trading* un ejemplo de manual de este tipo de juegos. Muchos proveedores de servicios financieros intentan ocultar este hecho.

Respuesta 0-6: A.

Se pagan comisiones por las operaciones con acciones cuando se compra, y de nuevo cuando se vende. Cien acciones de un título que cuesta 20 dólares le costarán 2000 dólares. Pagará una comisión de 10 dólares (del 0,5 %) cuando compre, y de nuevo cuando venda, para un total de 20 dólares, o del 1 %. Si realiza esta operación usando el margen, y solo paga 1000 dólares por sus acciones y toma el resto prestado, la comisión será del 2 % de su capital, y, además, tendrá que pagar intereses sobre la deuda de margen.

Esa comisión, aparentemente pequeña, multiplicada por el número de operaciones que se realizan en un año, puede representar un mordisco importante en su cuenta. Este problema es especialmente grave para las cuentas pequeñas; por supuesto, el uso de margen para financiar operaciones aún empeora más las cosas. Lección: sea muy selectivo con qué opera, pondere cada plan operativo cuidadosamente.

Respuesta 0-7: B.

Su deslizamiento al entrar en esta operación fue de 8 centavos por cada una de las 100 acciones que compró, para un total de 8 dólares. Prácticamente tanto como la comisión. Aunque operar con posiciones más grandes reduce el coste relativo de las comisiones por acción, esta ventaja no se da con el deslizamiento: si hubiese operado con 1000 acciones, su deslizamiento habría subido a 80 dólares o más. El remedio es sencillo y directo: utilice órdenes limitadas para entrar en las operaciones.

Respuesta 0-8: C.

Ha comprado 100 acciones a 20,08 dólares, y las ha vendido a 20,88 dólares, obteniendo un beneficio bruto de 80 centavos por acción, u 80 dólares por las 100 acciones. El deslizamiento ha sido de 8 centavos al comprar, y de 12 centavos al vender, lo que significa un total de 20 centavos por acción, o 20 dólares en total. Los 20 dólares de deslizamiento total representan un 25 % de los 80 dólares de beneficio por esta operación.

Cuando se trata de *stops*, las órdenes limitadas no bastan. Utilice órdenes «negociar si llega al precio» (en inglés, *market if touched* o MIT): cuando sea hora de escapar, dele al botón de eyección. Es inevitable que se dé cierto deslizamiento, pero el objetivo es mantenerlo tan bajo como sea posible.

Respuesta 0-9: B.

Ha comprado sus acciones a 20,08 dólares y las ha vendido a 20,88 dólares, obteniendo unos beneficios de 80 centavos por acción, o un beneficio bruto total de 80 dólares. Las comisiones se han comido 10 dólares al entrar, y otros 10 dólares al salir. También ha habido un deslizamiento de 8 dólares al entrar, y otros 12 dólares al salir. La mordida total es de 40 dólares, o el 50 % del beneficio bruto: y ahora los recaudadores de impuestos se están relamiendo ya pensando en los impuestos que tendrá que pagar.

Tiene que centrarse en reducir sus gastos operativos: pídale a su agente que le baje las comisiones, o busque otros agentes que ofrezcan un servicio más atractivo; sea selectivo a la hora de escoger operaciones, y, cuando sea posible, use órdenes limitadas en vez de órdenes de mercado.

Autoevaluación

0-3 correctas: resultado pobre.

No se desanime: las preguntas que ha fallado casi nunca se plantean. Mucha gente en la industria de los servicios financieros intenta enturbiar las aguas para esconder la realidad. Tómese el tiempo que necesite, relea la introducción de *El nuevo vivir del* trading, y vuelva a realizar esta prueba.

4-6 correctas: bastante bien.

Ha entendido las ideas básicas. Busque las respuestas a las preguntas que ha fallado.

Reflexione sobre ellas y vuelva a realizar esta prueba en unos días.

7-9 correctas: sobresaliente.

Usted entiende estos conceptos a los que se les presta poca atención pero que son muy importantes. Disfrutará con los capítulos sobre psicología y gestión del riesgo.

Psicología del individuo

Respuesta 1-1: D.
El *trading* conlleva un riesgo inherente porque lidia con la incertidumbre del futuro. Si no existiera el riesgo de pérdidas, tampoco podría haber recompensa. Los principiantes tienen reacciones emocionales: miedo, euforia, rabia. El *trader* profesional calcula cada riesgo por adelantado, y opera solo cuando las probabilidades están claramente a su favor.

Respuesta 1-2: A.
Uno debe esforzarse por conseguir lo mejor de uno mismo, para llegar a ser el mejor *trader* que pueda. Centrarse en el dinero, en comprarse juguetes o en intentar impresionar a otros solo hace que nos distraigamos de nuestro objetivo principal: alcanzar lo mejor de uno mismo. El buen cirujano no comienza a contar el dinero en la mesa de operaciones; el *trader* inteligente tampoco lo hace en medio de una operación.

Respuesta 1-3: C.
Trate con sus errores como si fueran oportunidades para aprender: descubra las causas de sus pérdidas y corrija los errores en el futuro. Esta tarea es emocionalmente difícil, pero debe llevarse a cabo para llegar a ganar. Sin un análisis de este tipo, si se intenta operar para salir del pozo, incluso si se sigue a un nuevo gurú, estaremos destinados al fracaso. Cada uno tiene que descubrir, para comenzar, qué lo llevó a acabar en el pozo. Volveremos a tratar sobre este tema en el capítulo acerca del diario de operaciones.

Respuesta 1-4: A.

Una cuenta grande nos permite diversificarnos, operar en múltiples posiciones y gastar menos en servicios, proporcionalmente. Los principiantes a menudo descartan estas ventajas, gastándose el dinero por la simple razón de que lo tienen en la cuenta. Volveremos a tratar de las reglas sobre la gestión del tamaño de posiciones en el capítulo dedicado a la gestión del capital.

Respuesta 1-5: D (III y IV).

Los sistemas de *trading* comerciales son diseñados y optimizados usando datos del pasado; se autodestruyen cuando los mercados cambian. El *trader* inteligente que desarrolla su propio sistema puede hacer los ajustes que sean necesarios; el *trader* que compra un sistema se hunde con él. Incluso los sistemas que incorporan optimización se autodestruyen; en última instancia, ya que nadie conoce qué tipo de optimización funcionará en el futuro. Seguir las señales de cualquier sistema para operar requiere disciplina, y, en esencia, evoca las mismas emociones que el *trading* independiente. No existen sustitutos para un juicio maduro.

Respuesta 1-6: C (I, II y III).

Una de las señales clave de que existe una actitud como si se estuviera apostando es la incapacidad de dejar de operar, quedarse al margen y reflexionar sobre la propia conducta. Los *traders* que apuestan tienden a invertir sus posiciones y se sienten deprimidos o sienten euforia en función del resultado de su última operación. Una racha con pérdidas es una experiencia común; cuando sufra una, deje de operar hasta que haya pasado un tiempo reevaluando su método. Los *traders* con dedicación aprenden de sus pérdidas, mientras que los apostadores continúan con su operativa compulsiva.

Respuesta 1-7: C.

Operamos de la misma manera que vivimos. La disciplina personal es esencial para el éxito. Busque problemas comunes en su *trading* y en su vida diaria. Este *trader* parece que tiene problemas serios con la responsabilidad. Tiene que afrontarlos y poner orden en su vida, además de en su *trading*.

Respuesta 1-8: D (I y IV).

Para ganar, uno no tiene que ser más inteligente ni saber más que el resto de *traders*, sino que debe ser más disciplinado. Nuestros sentimientos influyen en nuestras operaciones, incluyendo las entradas, las salidas y la gestión del riesgo. Si su mente está obnubilada por el miedo o por la avaricia, no hay sistema alguno que le pueda ayudar. El subidón que se siente con el *trading* le lleva a uno a apostar, a aceptar probabilidades bajas y a las pérdidas.

Respuesta 1-9: C (I y III).

Puede incrementar el tamaño de sus operaciones mientras no esté poniendo en riesgo un mayor porcentaje de su capital; volveremos a tratar de esto en el capítulo sobre gestión del riesgo.

Tomarse unas vacaciones lejos del *trading* puede que no sea mala idea: pase tiempo analizando qué ha hecho bien. Por otro lado, si uno se vuelve descuidado con los *stops* y holgazán a la hora de investigar, éstas son conductas típicas del perdedor que está teniendo una racha con suerte.

Respuesta 1-10: D.
Los perdedores son adictos a la emoción del juego y esperan ganar a lo grande. Llevan un mal registro, al igual que los alcohólicos no cuentan cuántas bebidas llevan. Cambian de un sistema de *trading* a otro, y de un método a otro, de la misma manera que los alcohólicos pasan de beber en el bar a beber en casa.

Respuesta 1-11: C.
Los perdedores están enganchados a la emoción del *trading* y esperan continuamente una gran operación con que ganarán a lo grande. Culpan a los demás por sus pérdidas y evitan aceptar su responsabilidad personal.

Respuesta 1-12: D.
Aceptar la responsabilidad por las pérdidas que uno sufre quita la cortina de humo de pretensiones y nos resitúa en una nueva posición, realista. Un mejor sistema de *trading*, nuevos métodos para operar y un mercado alcista importante pueden resultar de ayuda, pero la responsabilidad individual precede todo eso.

Respuesta 1-13: B (II y III).
El *trader* que tiene la valentía para hacer frente a su papel en las pérdidas puede dar un giro; en adelante, probablemente corte por lo sano con las pérdidas y evite operar más de la cuenta. Su disciplina le librará del temor, pero no hará que bajen los porcentajes de las comisiones y de deslizamiento; para conseguir eso deberá buscar con esmero un buen agente y evitar las órdenes de mercado.

Respuesta 1-14: C.
Permanecer en calma y ser disciplinado es la piedra angular del éxito en el *trading*. Dejar por escrito los planes operativos e implementarlos nos pondrá en el camino hacia el éxito; volveremos a tratar sobre este tema en el capítulo sobre planes de *trading*. Tener un mayor capital, amigos que saben y una historia de éxito en otras áreas profesionales son, todas ellas, cosas deseables, pero ninguna de ellas equivale a la importancia de la planificación disciplinada. El *trading* basado en las emociones es el enemigo del éxito. Si el *trading* le hace sentir vértigo o temor, esos sentimientos le nublarán el entendimiento. Salga de sus operaciones cuando sienta que es presa de las emociones.

Respuesta 1-15: A.
La propia impulsividad del *trader* hace que el mercado parezca confuso e ilógico. Otros problemas, como la falta de información de calidad, poco capital o, incluso, los períodos de aleatoriedad del mercado contribuyen menos a la confusión que el *trading* basado en las emociones.

Respuesta 1-16: C.
Una operación comienza cuando se decide entrar en el mercado y finaliza cuando se decide salir. Esas decisiones son como el sujetalibros de cada operación, y son propiedad exclusiva de cada uno. Puede usar indicadores técnicos, análisis fundamental o, incluso, prestar atención a asesores en los que confíe, pero solo usted puede decidir cuándo comienza una operación y cuándo acaba.

Autoevaluación

0-4 correctas: resultado pobre.
La luz roja se enciende intermitentemente: su bajo nivel de conciencia sobre sí mismo le pone en peligro. Tiene que aprender más sobre la psicología del *trading* para tener alguna posibilidad de éxito. Muchos trucos psicológicos que nos ayudan en nuestras vidas diarias destruyen nuestras cuentas de *trading*. Muchos sistemas educativos promueven la dependencia y la mentalidad de seguir a un líder. Los *traders* exitosos son independientes, creativos y realistas. Por favor, vuelva a leer el capítulo pertinente y vuelva a realizar esta prueba antes de seguir con el resto de esta guía de estudio.

5-8 correctas: por debajo de la media.
Conseguir acertar la mitad de las preguntas significa que se está en la mitad inferior, y eso no basta para ganar. Tiene que aprender más sobre la psicología individual del *trading*. Por favor, vuelva a leer los materiales pertinentes y vuelva a realizar esta prueba.

9-12 correctas: bastante bien.
Tiene un conocimiento de los conceptos esenciales de la psicología del *trading* que le permite operar, pero aún necesita cubrir algunas lagunas. Estudie los materiales recomendados y vuelva a realizar esta prueba en unos días.

Una psicología y disciplina sólidas son esenciales para su éxito en los mercados.

13-16 correctas: sobresaliente.
Domina los temas tratados en este capítulo. Por favor, revise las preguntas que ha respondido de manera diferente a la respuesta del libro. Los *traders* de éxito son muy independientes. Compruebe si las discrepancias se deben a errores o a su propia manera de pensar.

Lecturas recomendadas

Douglas, Mark: *El trader disciplinado*. Valor Editions de España, 2020.
Lefevre, Edwin: *Memorias de un operador de bolsa* (1923). Ediciones Deusto, 2009.

DOS

Psicología de masas

Respuesta 2-1: D.
Los precios son fijados por los miembros del público, que colocan órdenes de compra o de venta, o se quedan al margen del mercado. Cada *tick* en los precios refleja el último consenso de valor, forjado por esas órdenes o por la ausencia de éstas. Los *ticks* se funden en patrones –las huellas de los alcistas y los bajistas en nuestras gráficas–. «Las curvas de oferta y de demanda» quedan muy lejos de esta fatigosa realidad del mercado. Los precios están conectados a los valores fundamentales a largo plazo, pero en el día a día se rigen por la psicología de masas.

Respuesta 2-2: C.
Los alcistas intentan comprar tan bajo como les resulta posible, y los bajistas intentan vender tan alto como pueden. Ambos saben que tienen que apresurarse antes de que un *trader* no alineado entre y se lleve su ganga. Los profesionales intentan identificar el grupo dominante y operar con él. El objetivo de un buen analista técnico es descubrir el equilibrio de poder entre los alcistas y los bajistas, para así operar en el mismo sentido que el grupo dominante. El peligro de formular predicciones es que hace que nos quedemos fijados en una mentalidad específica en vez centrarnos en la realidad del mercado en cada momento.

Respuesta 2-3: C.
Leer periódicos, ver la televisión y navegar por Internet a menudo llevan a operaciones impulsivas y mal planificadas. ¿Por qué razón deberíamos operar, ya sea con posiciones grandes o pequeñas, si no estamos seguros de qué hacer en un momento dado? «Ante la duda, quedarse al margen» es una regla inteligente.

Respuesta 2-4: B.
Los beneficios que está intentando obtener pueden provenir exclusivamente de una fuente: de las cuentas de otros *traders*. La realidad opuesta a eso es que todas las pérdidas que encaje serán el dinero que reciben otros *traders*. Opere de manera defensiva, ya que habrá otros *traders* que intentarán robarle la cartera antes de que usted pueda robarle la suya. Los agentes y las bolsas también sacan tajada, con independencia de que gane, pierda o acabe en tablas.

Respuesta 2-5: B (I y III).
Cuando nos unimos al público, a las masas, nuestra independencia se disuelve y la capacidad de pensar críticamente se va a hacer gárgaras. Las masas son impulsivas, y esto hace aumentar la volatilidad. Los miembros del público siguen las tendencias ciegamente, y su dependencia psicológica hace que sea muy difícil que abandonen las masas hasta que sufran unas pérdidas severas.

Respuesta 2-6: D (I, II, III y IV).
A mayor incertidumbre, mayor probabilidad de que busquemos que otros nos tranquilicen y nos ofrezcan comodidad. Esta conducta está profundamente arraigada en la naturaleza humana. Los grupos se mantienen cohesionados por su lealtad hacia el líder.

Respuesta 2-7: A (I).
Las masas son más grandes y poderosas que ninguno de nosotros; no discuta con el mercado. Las masas son poderosas pero primitivas; uno puede explotar su conducta repetitiva, pero sólo si pueden mantenerse a un lado de ellas. Las masas en el mercado tienen la razón durante las tendencias, pero están equivocadas respecto a los puntos de inflexión. Cuando uno permite que el mercado le cause euforia o depresión, está entregando su poder sobre sí mismo; los *traders* profesionales entrenan para no reaccionar de manera emocional ante los beneficios o las pérdidas.

Respuesta 2-8: C.
Todos los ojos en el mercado están pegados a los precios. Cuanto más dure un repunte, más gente será alcista, y esto empujará los precios al alza, atrayendo aún a más alcistas. Un descenso persistente hace que más gente se sienta bajista, y sus ventas ayudan a que el mercado aún baje más. El precio es el líder de las tendencias. Pocas empresas financieras son suficientemente grandes como para dominar el mercado durante días, e incluso horas. Los gurús son al mercado lo que la cola es al perro: pocos perros corren persiguiendo su propia cola por un tiempo prolongado. Los cambios en los fundamentos de la economía fijan las condiciones para los mercados alcistas y bajistas, pero solo los *traders* pueden comprar y vender, y esto crea tendencias en los precios que se autoalimentan.

Respuesta 2-9: B (II y III).
Los precios se forjan en las batallas entre alcistas y bajistas. Los precios remontan cuando los alcistas que sienten confianza pagan más, mientras que los vendedores exigen una prima por participar en el juego que se mueve en su contra. Detrás de cada transacción hay un comprador y un vendedor. El número de acciones o futuros que se compra y se vende es, por definición, equivalente.

Respuesta 2-10: D (I, II, III y IV).
En una tendencia a la baja, los vendedores en corto ganan dinero, y muchos están dispuestos a vender a un precio más bajo para incrementar sus posiciones. Al mismo tiempo, los alcistas están perdiendo, y muchos quieren salir. Aquellos que aceptan comprar lo hacen sólo con descuento. Colocas sus pujas a precios por debajo de mercado, forzando a los bajistas a vender más barato. Este proceso se invierte durante las tendencias al alza.

Respuesta 2-11: B (II y III).
Un *shock* en los precios es un movimiento repentino en contra de la tendencia. Asusta al grupo dominante y envalentona a la oposición. Una ruptura repentina del precio en una tendencia al alza genera un *shock* en el precio que asusta a los alcistas. Incluso si pueden conseguir llevar los precios a un nuevo máximo, su confianza se ve debilitada, y es posible que la tendencia al alza esté lista para experimentar un cambio de tendencia.

Respuesta 2-12: C.
Se da una divergencia bajista cuando los precios repuntan hasta un nuevo máximo, mientras que un indicador sube a un pico más bajo. En una divergencia alcista, los precios caen a un nuevo mínimo, mientras que un indicador cae a un mínimo menos profundo. Las divergencias bajistas nos ayudan a identificar las cimas de las tendencias al alza. Las divergencias alcistas nos ayudan a identificar los valles en las tendencias a la baja. Se encuentran entre los patrones más útiles del análisis técnico.

Respuesta 2-13: B (I y IV).
Los *traders* deben permanecer en calma, centrados en la realidad del mercado, identificar la tendencia del momento y sincronizarse con ella. Cuando los *traders* intentan predecir lo que el mercado va a hacer exactamente, sus egos se casan con sus predicciones, y entonces les resulta difícil cambiar su perspectiva. Cuando el mercado rechaza seguir predicciones, los *traders* que se quedan atrapados en ellas acaban haciéndose daño.

Autoevaluación

0-4 correctas: resultado pobre.
Usted tiene una comprensión muy limitada de la psicología de masas de los mercados. Si no entiende cómo el público en los mercados influye en su conducta, será barrido por él y perderá dinero. Por favor, vuelva a leer la sección pertinente del libro y vuelva a realizar esta prueba en unos días antes de proseguir.

5-9 correctas: bastante bien.
Tiene un conocimiento de los conceptos esenciales de la psicología de masas que le permite operar, pero tiene que aprender más acerca del equilibrio entre alcistas y bajistas, el impacto del público sobre usted y la diferencia entre gestionar operaciones y hacer predicciones sobre precios.

Por favor, revise la sección pertinente del libro y vuelva a realizar esta prueba en unos días.

10-13 correctas: sobresaliente.
Domina los conceptos esenciales sobre la psicología de masas. Ahora revise algunas de sus operaciones recientes a la luz de estos principios. Continúe monitorizando qué impacto tiene en usted el mercado. A medida que avance en los capítulos sobre análisis del mercado, recuerde que el análisis técnico se trata de psicología social aplicada.

Lecturas recomendadas

Mackay, Charles: *Delirios multitudinarios: la manía de los tulipanes y otras famosas burbujas financieras* (1841). Editorial Milrazones, 2008.

Análisis gráfico clásico

Respuesta 3-1: I = C; II = D; III = B; IV = A.
Los principiantes tienden a obtener su información al volver del trabajo y a operar por la mañana. Los profesionales responden a las condiciones cambiantes durante el día y tienden a dominar el mercado cuando se aproxima la hora del cierre. Las compras empujan los precios al alza; el precio más alto del día marca el poder máximo de los alcistas. Las ventas empujan los precios a la baja; el precio más bajo del día marca el poder máximo de los bajistas. Este modo de razonar también se puede aplicar a los gráficos semanales e intradía.

Respuesta 3-2: C (I, II y III).
Hacerse ilusiones vanas es algo muy extendido entre los analistas, especialmente entre aquellos que no operan. Mantener unas definiciones básicas poco claras contribuye a la confusión. Es bastante común que los mercados muestren tendencias al alza y a la baja, al mismo tiempo, en diferentes horizontes temporales. Los buenos analistas, los que se centran en diferentes horizontes temporales, pueden llegar a conclusiones diferentes, y todos ellos pueden conseguir operaciones que les reporten beneficios.

Respuesta 3-3: C.
El deslizamiento tiende a ser más bajo en días tranquilos con rangos de cotización más estrechos. Entonces podemos conseguir mejores entradas, aunque las comisiones no varían.

Respuesta 3-4: 4 (A, B, C, y D).
MDT está trazando un patrón de repuntes y descensos. Tan pronto como los precios comiencen a descender desde el último pico, dibuje una línea horizontal que cruce ese pico, marcando

un nivel de resistencia. Cuando los precios comienzan a repuntar de nuevo, a veces desaceleran en el nivel de resistencia. Después de traspasarla, generalmente retroceden: lo que antes era una resistencia ahora pasa a ser un nivel de soporte.

Respuesta 3-5: D (I y IV).

Las líneas de soporte son trazadas uniendo los mínimos, y las líneas de resistencia uniendo los máximos. Pueden intercambiar papeles con el paso del tiempo, a medida que el mercado se aleja de esos niveles. Los bordes de las zonas de congestión muestran dónde las masas de *traders* han operado y han invertido sus posiciones (de largas a cortas, o de cortas a largas). Los precios extremos solo muestran los niveles de pánico entre los participantes más débiles en el mercado.

Respuesta 3-6: D (I, II, III y IV).

El soporte y la resistencia existen porque los *traders* tienen memoria. Cuanto más intensos sean los recuerdos, más activamente compran y venden, fortaleciendo así el soporte y la resistencia. Un volumen alto refleja un mayor grado de compromiso financiero y emocional; mientras que una mayor altura de las zonas de soporte y de resistencia muestra un mayor nivel de actividad y, en consecuencia, recuerdos más fuertes. Cuanto mayor sea la duración de un área de congestión, y más veces sea alcanzada, más esperarán los *traders* que se dé un nuevo cambio de tendencia, lo que reforzará el soporte y la resistencia.

Respuesta 3-7: C (I, II y III).

Esperar a un nuevo mínimo antes de vender en corto nos ayuda a asegurarnos de que estamos lidiando con una ruptura a la baja. Las falsas rupturas son la ruina de los principiantes; en cambio, a los *traders* profesionales les encantan. Éstos a menudo esperan hasta que una ruptura a la baja deje de marcar nuevos mínimos, y entonces operar a la contra: comprando y colocando un *stop* de protección cerca del último mínimo. Dado que los precios marcaron un nuevo mínimo el día anterior, vender en corto a la apertura significaría seguir la tendencia; por el contrario, comprar sería una mala opción.

Respuesta 3-8: A = IV; B = I; C = III; D = II.

La línea discontinua inferior, trazada cruzando el borde de un área de congestión, marca el nivel de soporte. Cuando los precios sufren una ruptura hasta un nuevo mínimo, durante la barra A, e incluso hasta un poco más abajo durante la barra B, existe la posibilidad de que la tendencia a la baja prosiga. Aun así, la corta longitud de esas barras indica que el movimiento a la baja se enfrenta a una resistencia tenaz. A medida que la barra C sube hacia el área de congestión, deja atrás una falsa ruptura a la baja. Usted puede comenzar a comprar cuando cruce por encima de la anterior línea de soporte que ha sido traspasada, con un *stop* cerca de los mínimos recientes. La corta longitud de la última barra indica que la remontada está frenando: ajuste su *stop* y considere moverlo hacia arriba, hasta el nivel del punto de equilibrio.

Respuesta 3-9. Tendencias = A y C; Rangos de cotización = B y D.
Cuando los precios se encuentran en una tendencia, siguen subiendo o bajando en el tiempo, alcanzando máximos más altos o mínimos más bajos. En los rangos de cotización, la mayoría de remontadas se apagan aproximadamente sobre los mismos máximos, y los descensos se detienen más o menos sobre los mismos mínimos. Como *trader*, cuando identifique una tendencia, sígala y manténgase en sus posiciones. Si opera con las oscilaciones dentro de un rango de cotización, tenga especial cuidado de no quedarse durante demasiado tiempo en sus posiciones.

Respuesta 3-10. I = G; II = A, B y F; III = C y D; IV = E.
Las acciones de todo vehículo de inversión, a medida que éste se acerca al soporte o a la resistencia, proporcionan información acerca de su fuerza o de su debilidad. Cuando una acción no puede subir hasta alcanzar la resistencia está mostrando debilidad. Mantenerse por encima del soporte indica fuerza. Las falsas rupturas proporcionan algunas de las mejores señales del análisis técnico.

Respuesta 3-11: C (I, II y III).
La tendencia es su amiga. Mientras usted vea el patrón de máximos más altos y mínimos más altos, opere en ese mercado en largo. Asegúrese de que protege sus posiciones con *stops*, y muévalos hacia arriba a medida que la tendencia progresa. Añada a sus posiciones sólo tras haber protegido sus beneficios aún no realizados. Si el mercado alcanza su mínimo anterior, estará poniendo en duda la tendencia al alza.

Respuesta 3-12: A no es aplicable.
Las colas muestran que o bien un nivel de precio máximo, o bien un nivel de precio mínimo, ha sido rechazado por la masa de participantes en el mercado. Dado que los mercados tienden a alejarse de los niveles de precios que han sido rechazados, merece la pena operar en el sentido opuesto a una cola. Existe mayor probabilidad de que se den colas en algunos vehículos de inversión que en otros; puede observar tres de ellas en este gráfico de BA, seguidas de cambios de tendencia.

Respuesta 3-13: D no está permitido.
Si presta atención de cerca a la acción en el mercado tras una cola de canguro, podrá incrementar el tamaño de su posición, o recoger beneficios cuando el movimiento parece quedarse encallado. Lo que no debería hacer es situar un *stop* por debajo de la punta de la cola, ya que eso expondría la operación a un riesgo demasiado elevado.

Autoevaluación

0-4 correctas: resultado pobre.

Los gráficos nos cuentan una historia importante: si no puede leerla, se estará perdiendo el mensaje del mercado. Correrá un grave riesgo de comprar en las cimas y vender en los valles. Por favor, lea de nuevo la sección pertinente del libro, revise sus errores, y después vuelva a realizar esta prueba. No inicie el siguiente capítulo hasta entonces; estos materiales son demasiado importantes para saltárselos.

5-9 correctas: bastante bien.

Tiene un conocimiento de los conceptos esenciales del análisis gráfico que le permite operar. Ahora deberá decidir si «bastante bien» es suficientemente bueno para usted. Puede que baste si tiene pensado centrarse en el análisis técnico por ordenador, pero puede que no lo sea si tiene pensado trabajar con gráficas. Todos los inversores y *traders* serios necesitan entender conceptos tan esenciales como las tendencias y los rangos de cotización, el soporte y la resistencia, la continuación y los cambios de tendencia. Sería buena idea volver a la sección pertinente, revisarla, y después volver a realizar esta prueba.

10-13 correctas: sobresaliente.

Domina los conceptos esenciales del análisis gráfico. Éstos le pueden ayudar a descubrir los cambios en el equilibrio de poder entre alcistas y bajistas. Ahora proceda a los capítulos sobre análisis técnico por ordenador.

Lecturas recomendadas

Edwards, Robert D. y Magee, John: *Análisis técnico de las tendencias de los valores* (1948). Gestión Moderna de Valores, S.A., 1995.

Pring, Martin J.: *El análisis técnico explicado*. Valor Editions de España, 2015.

Análisis técnico por ordenador

Respuesta 4-1: A = (I).
El análisis técnico por ordenador es más objetivo que el análisis gráfico clásico. Uno podría discutir si se está dando soporte o resistencia, pero no existe discusión sobre el sentido de un indicador: o marca arriba, o marca abajo, o está inactivo. Un buen analista técnico intenta descubrir cuál es el equilibrio de poder entre los alcistas y los bajistas, y apostar por el equipo ganador; no intenta predecir el futuro. El ordenador no elimina las emociones del *trading*, pues aún tenemos que introducir órdenes. Cualquiera que intente venderle algo que «tiene garantía de éxito» merece ser visto con mucho recelo.

Respuesta 4-2: I = B; II = C; III = A.
Una caja de herramientas es una colección de herramientas analíticas y gráficas. Las cajas negras para *trading* automático vienen con registros históricos excelentes, pero se autodestruyen cuando los mercados cambian; las cajas grises ocupan un lugar intermedio entre ambos grupos.

Respuesta 4-3: I = B; II = C; III = A.
Merece la pena combinar indicadores de distintos grupos para que sus características negativas se cancelen entre sí, mientras que sus características positivas continúen tal como están. Volveremos a esta temática en el capítulo sobre el sistema de *trading* de triple pantalla.

Respuesta 4-4: B.

Para calcular una media móvil simple, sume los precios de cierre en su ventana temporal y divida esta suma por el número de días de dicha ventana. Sumar los precios de los últimos 5 días resulta en 110, y dividir 100 entre 5 resulta en 22.

Respuesta 4-5: A.

Las medias móviles exponenciales son más difíciles de calcular a mano que las MM simples. Si usa un ordenador, ambas son igual de fáciles.

Respuesta 4-6: D.

Una MME creciente confirma que los alcistas están al mando: es el momento de ponerse en largo. Cuando la MME es decreciente, muestra que los bajistas están al mando: es el momento de ponerse en corto. La capacidad de una MME de alcanzar un nuevo máximo muestra que los alcistas están más fuertes que antes, mientras que un descenso a un nuevo mínimo hace patente que los bajistas están más fuertes que anteriormente. Éstas son señales importantes, pero menos frecuentes o destacadas que el sentido de la pendiente de la MME. La amplitud de la ventana temporal de la MME la configura el *trader*.

Respuesta 4-7: 1 = A y C; 2 = B.

Cuando la MME crezca, opere con la acción sólo desde el lado largo: introduzca sus órdenes de compra ligeramente por debajo de la MME. Cuando la MME gire hacia abajo, opere con la acción desde el lado corto introduciendo órdenes de venta ligeramente por encima de la MME que cae. Siéntase con la libertad de mantenerse al margen cuando lo desee.

Respuesta 4-8: 1 = D, E, F y G; 2 = A, B y I; 3 = C, H y J.

Cuando la MME apunta hacia arriba, las retiradas señalan oportunidades de compra. Cuando la MME apunta hacia abajo, los precios generalmente están por debajo de ésta, y los repuntes hasta la MME señalan oportunidades para vender en corto. Las zonas más difíciles de operar son las de transición entre tendencias al alza y tendencias a la baja. Ante la duda, manténgase al margen hasta que emerja una tendencia clara.

Respuesta 4-9: D (I, II, III y IV).

Cada precio es un consenso de valor momentáneo, mientras que cada media móvil refleja el consenso de valor medio. Una MM a más corto plazo monitoriza el consenso a corto plazo, y una MM a más largo plazo monitoriza el consenso a más largo plazo. Las líneas MACD consisten en medias móviles; cuando la línea rápida de la MACD está por encima o por debajo de la línea lenta, esto indica si el mercado en ese momento está dominado por los alcistas o por los bajistas.

Respuesta 4-10: C no es cierta.

El histograma MACD mide la diferencia entre las líneas rápida y lenta de la MACD. Su pendiente viene definida por la relación entre las dos últimas barras del histograma MACD. Cuando la pendiente sube, muestra que los alcistas están al mando; cuando desciende, muestra que los bajistas están al mando. Merece la pena operar en el sentido del grupo dominante en el mercado. Esto no equivale a hacer predicciones: esto es leer el mercado y apostar por que la inercia del público en el mercado va a continuar.

Respuesta 4-11: 1 = D; 2 = A; 3 = B y E; 4 = F; 5 = C.

Cuando el histograma MACD alcanza un nuevo máximo, indica que los alcistas se encuentran fuertes y que los precios probablemente volverán a probar, o sobrepasarán, el último pico. Cuando cae a un nuevo mínimo, indica que los bajistas se encuentran fuertes y que los precios es probable que vuelvan a probar, o a superar, el último mínimo. Después, cuando el histograma MACD cruza su eje de coordenadas, indica que la fuerza del grupo dominante se ha quebrado.

Una divergencia alcista emite una señal de compra fuerte; se da cuando los precios caen a un nuevo mínimo, pero el histograma MACD traza un valle menos profundo. Una divergencia bajista emite una señal de venta fuerte; se da cuando los precios suben a un nuevo máximo, pero el histograma MACD traza un máximo más bajo.

Respuesta 4-12: C.

La divergencia bajista ha enviado los precios a la baja, pero éstos han rechazado caer por debajo de su MME. Al mismo tiempo, el histograma MACD ha caído por debajo de cero, lo que muestra que los alcistas se están acercando a su nivel de esfuerzo máximo. Teniendo en cuenta que los bajistas han librado casi todo lo que estaba en disposición en esta batalla, y que los precios se han mantenido, es mejor recoger beneficios y quedarse al margen.

Respuesta 4-13: C.

La parte de la barra diaria que sobresale por encima o por debajo de la barra del día anterior representa el movimiento direccional actual. Si la barra actual desborda la barra del día anterior tanto por encima como por debajo, entonces sólo la parte más larga representa el movimiento direccional. Si la barra diaria se encuentra dentro de la barra del día anterior, o si la desborda por encima y por debajo por el mismo margen, el movimiento direccional es cero.

Respuesta 4-14: I = B; II = A, C, E; III = D.

Opere en el sentido de la línea direccional superior siempre que el ADX suba por encima de la línea direccional inferior. Salga cuando el ADX suba por encima de ambas líneas direccionales para después bajar unos pocos *ticks*. Otra señal de salida se da cuando el ADX se hunde por debajo de ambas líneas direccionales. Siempre que el ADX se mantenga por debajo tanto de +DI como –DI, evite usar métodos de seguimiento de tendencia.

Respuesta 4-15: C.

Cuando ADX sube por encima de ambas líneas direccionales, y después baja unos pocos *ticks*, indica el fin de un movimiento direccional potente, y sugiere que va a iniciarse un período de mayor volatilidad. Aún podremos operar en este mercado, pero sólo usando indicadores a más corto plazo en vez del sistema direccional.

Respuesta 4-16: B.

Los osciladores indican si los alcistas o los bajistas se hallan al mando en el momento actual. Sus picos y valles marcan los extremos del optimismo y del pesimismo de las masas. Las lecturas de sobrecompra de los osciladores son de ayuda para identificar las cimas del mercado, y las lecturas de sobreventa ayudan a capturar los valles del mercado. Estas señales tienden a funcionar bien cuando el mercado se encuentra en rangos de cotización, pero son menos útiles cuando se halla en una tendencia. No existe ningún indicador que pueda capturar todas las cimas y todos los valles.

Respuesta 4-17: D.

Cuando un oscilador alcanza un nuevo máximo récord, esto refleja fuerza, e indica a los *traders* que el repunte seguramente continuará, incluso si se da una pausa temporal. Puede añadir a sus posiciones largas o recoger beneficios parciales, pero es mejor ignorar las señales de vender en corto, ya que bajo esas condiciones es poco probable que los precios caigan de manera apreciable.

Respuesta 4-18: 1 = A, C, I; 2 = B, E, F; 3 = E-F; 4 = C-D e I-J; 5 = D, G, H y J.

El estocástico indica sobrecompra cuando sube hasta, o por encima de, su línea de referencia superior. Ahí emite una señal de venta o, al menos, de evitar comprar. El estocástico indica sobreventa cuando cae hasta, o por debajo de, su línea de referencia inferior. Ahí emite una señal de compra o, al menos, de evitar vender.

Se da una oscilación fallida cuando el estocástico no consigue alcanzar su línea de referencia durante un movimiento del mercado. Cuando el estocástico no puede alcanzar su línea de referencia superior durante el repunte G, muestra que los alcistas son débiles, emitiendo una señal de compra. Las oscilaciones fallidas D y J se convierten en parte de divergencias bajistas. En la divergencia alcista E-F, el segundo valle es menos profundo que el primero, pero no es una oscilación fallida porque está por debajo de la línea de referencia inferior.

Respuesta 4-19: C.

El estocástico está cerca de su punto medio neutral, pero está cayendo desde un patrón bajista potente. Acaba de trazar una oscilación fallida y una divergencia bajista. Además, se puede observar una cola de canguro hacia arriba en el gráfico del precio, lo que refuerza el mensaje bajista del estocástico.

Respuesta 4-20: 1 = A, B, F; 2 = D; 3 = D-E; 4 = B-C.
El RSI indica sobrecompra cuando sube por encima de su línea de referencia superior. Ahí emite señales de venta, lo que es de ayuda a los *traders* para vender en corto durante tendencias a la baja o en mercados planos, pero a menudo son prematuras durante tendencias al alza. El RSI indica sobreventa cuando cae por debajo de su línea de referencia inferior. Ahí emite señales de compra, lo que es de ayuda a los *traders* para ponerse en largo durante tendencias al alza o en mercados planos, pero a menudo son prematuras durante tendencias a la baja. Las divergencias alcistas y bajistas proporcionan las señales de compra y de venta más potentes. Todas las divergencias que puede observar en esta gráfica precedieron a movimientos de mercado sustanciales.

Respuesta 4-21: B.
El RSI acaba de trazar una clara divergencia bajista, con su primera cima por encima y la segunda por debajo de la línea de referencia superior. Este mensaje bajista se ve reforzado por el hecho de que el ligero descenso del precio de los días anteriores llevó a TIF por debajo de la cima que había alcanzado algunos meses antes. Ahora se está dando una falsa ruptura al alza; esto, reforzado por la divergencia RSI, emite una señal de venta en corto.

Respuesta 4-22: A (I y II).
Cuando la tendencia del mercado es a la baja, y un oscilador sube por encima de su línea de referencia superior, esto identifica un chapuzón de los alcistas a corto plazo –una oportunidad para vender en corto–. Tras esto puede que quiera cubrir posiciones cortas cuando un oscilador caiga por debajo de su línea de referencia inferior, o quizá desee mantener esas posiciones cortas. En todo caso, no use los osciladores para ponerse en largo en una tendencia a la baja bien establecida. Como Peter Lynch, gestor de capitales famoso, ha escrito: «Intentar atrapar un suelo es como intentar atrapar un cuchillo en plena caída: inevitablemente lo agarrará por el lado incorrecto».

Autoevaluación

0-8 correctas: resultado pobre.
Posee un conocimiento muy limitado del análisis técnico moderno. Tiene una deuda consigo mismo de aprender los conceptos esenciales del uso de indicadores. Por favor, lea de nuevo el capítulo pertinente y vuelva a realizar esta prueba antes de proseguir con el resto de este libro.

9-15 correctas: bastante bien.
Es importante entender los mensajes de los indicadores de seguimiento de tendencia y los osciladores. Nos ofrecen percepciones diferentes sobre el equilibrio de poder entre alcistas y bajistas. Tiene un conocimiento decente de los conceptos esenciales sobre análisis técnico por ordenador. Ahora revise sus respuestas para descubrir las áreas en que está mejor y en las que

está peor. ¿Se encuentra más cómodo con los indicadores de seguimiento de tendencia o con los osciladores? ¿Se le da mejor encontrar señales que identificar tendencias o inversiones de tendencia? Por favor, revise la bibliografía recomendada y vuelva a realizar esta prueba en unos días. Piense sobre qué revela esta prueba acerca de sus preferencias. La mayoría de *traders* de éxito se concentra en tan sólo unos pocos tipos de operación. Algunos prefieren seguir tendencias, mientras que otros son mejores atrapando cambios de tendencia.

Trader, conózcase.

16-22 correctas: sobresaliente.

Domina el análisis técnico por ordenador. Estos indicadores son los bloques con los que construir diferentes sistemas de *trading* probados (*véase* parte 7). Antes de trabajar en un sistema, revisemos otros tipos de indicadores que están disponibles para los analistas de mercado (partes 5 y 6).

Lecturas recomendadas

MURPHY, JOHN J.: *Análisis técnico de los mercados financieros* (1999). Gestión 2000, 2000.

CINCO

Volumen y tiempo

Respuesta 5-1: A.

Cada operación refleja un compromiso financiero y emocional entre dos *traders*: un comprador y un vendedor. Dado que uno de ellos necesariamente tendrá razón y el otro estará equivocado, el volumen representa la actividad de ganadores y perdedores. Sufre incrementos repentinos cuando los perdedores entran en pánico. Refleja la actividad del momento, pero no predice el futuro.

Respuesta 5-2: 1 = B; 2 = A; 3 = C; 4 = D.

Las tendencias tienden a persistir cuando el volumen es constante o sube de manera ordenada. Generalmente se acaban, ya sea con un estallido o con un gemido: una explosión en el volumen, o un hundimiento drástico. La tendencia no puede continuar después de que las masas de perdedores comiencen a retirarse.

Respuesta 5-3: 1 = D; 2 = A y B; 3 = C y F; 4 = E y G.

Un volumen creciente o constante confirma la tendencia. Cuando los precios suben hasta un nuevo máximo, o caen hasta un nuevo mínimo, mientras el volumen se encoge, indica que la tendencia del precio probablemente se invierta o, al menos, haga una pausa.

Respuesta 5-4: B.

Hay una remontada potente en curso, con un patrón firme de máximos más altos y mínimos más altos. CPST desciende lentamente de su último máximo, mientras el volumen se encoge.

Espere a que una, o algunas barras, no consigan alcanzar un nuevo mínimo para este movimiento a la baja menor, y entonces póngase en largo.

Respuesta 5-5: C (I, II y III).

El Volumen On-Balance (OBV, por sus siglas en inglés) se crea añadiendo el volumen de cada día al total acumulado cuando un vehículo sube, y sustrayéndolo en los días en que ese vehículo baja. El OBV confirma los movimientos alcistas cuando sube a un máximo más alto que el pico anterior, y confirma un descenso cuando cae a un mínimo más bajo que el suelto anterior. Los precios representan el consenso de valor, mientras que el volumen, medido a través del OBV, sigue la trayectoria de las emociones de los *traders*.

Respuesta 5-6: 1 = D; 2 = C; 3 = B; 4 = A.

Los precios de apertura y de cierre están entre los más importantes del día. Las aperturas tienden a ser dominadas por los novatos, cuyas órdenes inundan los mercados por las mañanas. Los cierres tienden a ser dominados por los profesionales que monitorizan las condiciones durante toda la sesión. La acumulación/distribución es la conexión entre el volumen diario y la relación entre los precios de apertura y de cierre.

Respuesta 5-7: B.

El número de posiciones largas y cortas en los mercados de derivados siempre es equivalente. Mientras que las acciones representan posesión en el momento actual, los derivados son contratos para una entrega futura. Cada contrato tiene dos caras: un vendedor y un comprador. Ésta es la razón por la que las posiciones abiertas reflejan el número de contratos en manos de actores con posiciones largas, o que deben los actores en posiciones cortas, en cualquier mercado y durante cualquier sesión. Es igual a las posiciones totales en largo o en corto.

Respuesta 5-8: 1 = B; 2 = C; 3 = C; 4 = A.

Las posiciones abiertas suben sólo cuando un nuevo comprador y un nuevo vendedor entran en el mercado, ya que su acuerdo crea un nuevo contrato. Las posiciones abiertas caen cuando un alcista que está en posiciones largas vende su contrato a un bajista, que lo compra para cubrir sus posiciones cortas, ambos cerrando así sus posiciones. Si un nuevo alcista compra a un alcista ya en una posición abierta que está saliendo de ésta, las posiciones permanecen sin cambios. Tampoco cambian cuando un nuevo bajista vende a un bajista que ya estaba en una posición abierta y que compra para salir de su posición en corto.

Respuesta 5-9: D (1, 2, 3 y 4).

Cuando las posiciones abiertas suben, esto indica que una masa de alcistas confiados en sí mismos se está enfrentando a una masa de bajistas igual con la misma confianza. Seguro que uno de los dos grupos perderá, pero mientras sigan entrando perdedores potenciales, la tendencia seguramente continuará.

Respuesta 5-10: C (1, 2 y 3).
El sentido del movimiento muestra si la fuerza dominante era al alza o a la baja. La distancia entre los precios de cierre de hoy y del día anterior refleja el margen de victoria por parte de los alcistas o de los bajistas. Las remontadas y los descensos con volúmenes altos son más contundentes y es más probable que persistan. Aunque los mercados relacionados son importantes, no reflejan la fuerza de los movimientos en el resto de los mercados.

Respuesta 5-11: D.
El índice de fuerza enlaza tres factores esenciales: el sentido del cambio de precio, su cuantía y el volumen con el que se da. Para calcular el índice de fuerza diario, sustraemos el precio de cierre del día anterior al actual y multiplicamos este resultado, ya sea positivo o negativo, por el volumen de hoy.

Respuesta 5-12: D (I, II, III y IV).
Suavizar el índice de fuerza bruto con una media móvil es de ayuda a la hora de identificar tendencias: tendencias a corto plazo, usando una MME corta, o tendencias a medio plazo, empleando MME más largas. Cuando la MME de 2 días del índice de fuerza cae por debajo de cero durante un repunte del mercado, esto identifica oportunidades de compra, y cuando repunta por encima de cero durante un descenso en el mercado, identifica oportunidades de venta en corto. La MME de 13 días del índice de fuerza es de ayuda a la hora de identificar zonas alcistas y bajistas cuando se sitúa por encima o por debajo de su eje de coordenadas. Las divergencias entre el índice de fuerza y el precio tienden a indicar la llegada de cambios de tendencia.

Respuesta 5-13: 1 = G y H; 2 = F; 3 = A, B, C y D; 4 = E.
En la mitad izquierda del gráfico, los precios se encuentran en una tendencia a la baja; esto se ve confirmado por una MME a la baja. Cuando la MME de 2 días del índice de fuerza sube por encima de cero, esto indica una breve recuperación de los alcistas: una oportunidad para vender en corto. En el área E, los precios caen a un nuevo mínimo, pero retroceden desde ahí, trazando una falsa ruptura a la baja, mientras que el índice de fuerza traza una divergencia alcista, con un mínimo mucho menos profundo. Es un buen momento para cubrir posiciones cortas. En el área F, la MME de los precios se gira hacia arriba: esto indica que debemos dejar de vender en corto y buscar oportunidades de compra. Después, el índice de fuerza desciende por debajo de cero en las áreas G y H, emitiendo señales de compra.

Respuesta 5-14: B.
En el borde derecho de la pantalla vemos una media móvil del precio que tiende al alza, lo que indica que se da una tendencia al alza. El índice de fuerza de 2 días ha caído por debajo de cero, indicando que la acción está en sobreventas a corto plazo, y emitiendo una señal de compra. Existen dos posibles respuestas a esta señal. Puede introducir una orden de compra

en el máximo de la barra actual, intentando capturar una ruptura al alza, o, como alternativa, puede medir la penetración media a la baja de la MME, e introducir su orden de compra a una distancia similar por debajo de la MME actual.

Respuesta 5-15: 1 = C; 2 = A y D; 3 = B.
El índice de fuerza a más largo plazo, suavizado con una MME de 13 barras, nos ayuda a identificar cambios de tendencia: alcistas, cuando cruza por encima del eje de coordenadas, y bajistas, cuando cruza por debajo de ese eje. También es posible trazar líneas horizontales alcistas y bajistas ligeramente por encima y por debajo del eje de coordenadas. Esperar a los cruces de estas líneas, en vez de a los cruces del eje de coordenadas, reduce los vuelcos inesperados, aunque también ralentiza las buenas señales. Lo que ganaría en una operación lo perderá en otra. Un pico más bajo del índice de fuerza en el área B muestra que la fuerza alcista está debilitándose, y lo prepara para la llegada de un cambio de tendencia.

Respuesta 5-16: B.
El índice de fuerza es positivo: alcista, mientras la tendencia es al alza, y esto se ve confirmado por la MME creciente. Esta combinación sugiere ponerse en largo, usando las retiradas a la MME para comprar.

Respuesta 5-17: C (1, 2 y 3).
Los ciclos en los precios deben su existencia a factores fundamentales en la producción, como el clima y los cambios estacionales en la oferta y la demanda, así como a las olas de codicia y miedo que afectan a los *traders*.

Respuesta 5-18: 1 = D; 2 = A y E; 3 = B y F; 4 = C y G.
La estación de un indicador viene definida por su pendiente y por su posición, por encima o por debajo, respecto a un eje. Cuando un indicador se gira hacia arriba, pero está por debajo de su eje, es primavera; cuando sube por encima del eje, es verano; cuando baja, pero se encuentra por encima del eje, es otoño; y cuando cae por debajo del eje, es invierno. La primavera es la mejor estación para ponerse en largo, y el otoño es la mejor estación para vender en corto. Las estaciones no son rígidas; ni en la naturaleza ni en los mercados. Advierta que se observa un breve veranillo en medio del invierno en el área situada entre las letras B y C.

Respuesta 5-19: A.
Cada horizonte temporal está relacionado con los horizontes temporales mayor y menor por un factor de 5. Cuando analiza un mercado en dos horizontes temporales, el más corto debe ser unas cinco veces más corto que el más largo. Si su horizonte temporal favorito es el diario, primero deberá examinar los gráficos semanales.

Autoevaluación

0-7 correctas: resultado pobre.

Tiene que aprender más acerca del volumen y del tiempo. Estos aspectos esenciales del análisis de mercado le brindarán ventajas por encima de la mayoría de otros *traders*. Por favor, vuelva a leer el capítulo pertinente y vuelva a realizar esta prueba antes de proceder con el resto de este libro.

8-14 correctas: bastante bien.

Tiene un conocimiento de los conceptos esenciales de volumen y tiempo que le permite operar, algo que la mayoría de *traders* decide ignorar, poniéndose a sí mismos en peligro. Por favor, revise sus respuestas para ver si su resultado se ha visto afectado por un conocimiento flojo en un área concreta, como pueden ser el tiempo, el volumen o las posiciones abiertas. Revise los capítulos pertinentes y vuelva a realizar esta prueba en unos días.

15-19 correctas: sobresaliente.

Entiende los conceptos que la mayoría de *traders* se ha perdido. El tiempo, el volumen y las posiciones abiertas proporcionan de una dimensión extra en el análisis, y profundizan en nuestra comprensión de las dinámicas de los mercados.

Lecturas recomendadas

BELVEAL, L. DEE: *Charting Commodity Market Price Behavior* (1969). Homewood, IL, Business One Irwin, 1985.

Indicadores generales del mercado

Respuesta 6-1: C (1, 2, 3 y 4).
Los nuevos máximos (NH) son aquellas acciones que han subido a su precio más alto en un año, mientras que los nuevos mínimos (NL) son aquellas acciones que han caído al nivel más bajo en un año. Los nuevos máximos son los líderes en fuerza, y los nuevos mínimos, los líderes en debilidad. El índice nuevos máximos-nuevos mínimos (NH-NL) funciona midiendo la diferencia entre las acciones más fuertes y más débiles en un momento dado. Es un indicador adelantado en el mercado bursátil.

Respuesta 6-2: 1 = D; 2 = C; 3 = A; 4 = B.
Cuando el mercado remonta y el NH-NL sube hasta un nuevo máximo, esto indica que el liderazgo de los alcistas está creciendo. Merece la pena seguir a los líderes y adoptar posiciones largas. Cuando el mercado desciende y el NH-NL cae a un nuevo mínimo, esto indica que el liderazgo de los bajistas está ganando fuerza. Esta divergencia bajista indica que merece la pena adoptar posiciones cortas. Si el mercado en general remonta, pero el NH-NL traza un pico más bajo, esto indica que la tendencia al alza está perdiendo a sus líderes y puede que esté en problemas. Si el mercado cae a un nuevo mínimo, pero el NH-NL traza un suelo más alto, esto indica que la tendencia a la baja está perdiendo a sus líderes y que se está acercando al fondo.

Respuesta 6-3: 1 = A y D; 2 = B y F; 3 = G-H; 4 = D-E.
El NH-NL hace seguimiento del número de los líderes de mercado, lo que hace de éste un indicador adelantado del mercado bursátil. Su zona alcista se encuentra por encima del eje de coordenadas o, si uno quiere reducir su tendencia a los vuelcos inesperados, por encima del nivel +100. Su zona bajista se encuentra por debajo del eje de coordenadas o, si uno quiere reducir su tendencia a vuelcos inesperados, por debajo del nivel –100.

Las divergencias muestran que el liderazgo de la tendencia actual está perdiendo fuerza. Tanto el S&P 500 como el NH-NL repuntan hasta nuevos máximos en el área D, pero, en el área E, sólo el S&P alcanza un nuevo máximo: esta divergencia bajista del NH-NL emite una señal de venta. Tanto el S&P 500 como el NH-NL, caen a nuevos mínimos en el área G, pero en el área H sólo el S&P cae a un mínimo más bajo; el NH-NL toca fondo a un nivel más alto, por lo que su divergencia alcista emite una señal de compra.

Respuesta 6-4: 2.
La MME está subiendo y el índice NH-NL es positivo, lo que muestra que los alcistas están al mando. El índice nuevos máximos-nuevos mínimos acaba de repuntar hasta un nuevo máximo en el movimiento actual, lo que muestra que el liderazgo alcista está ganando fuerza. Los precios ya se encuentran por encima de valor, pero aún suficientemente cerca para hacer que ponerse en largo sea una opción realista.

Respuesta 6-5: C (1, 2 y 3).
La línea A/D mide la participación de las masas en las remontadas y en los declives. Es probable que una remontada en el mercado bursátil persista si la línea A/D sube hasta un nuevo máximo, mientras que es probable que un declive continúe si la línea A/D cae a un nuevo mínimo. Los *traders* deben monitorizar el patrón de picos y valles de A/D, ya que su nivel absoluto depende, principalmente, de su fecha de inicio. La línea A/D sólo hace un seguimiento de los cambios en el precio, no del volumen.

Respuesta 6-6: B (1 y 3).
Las tendencias al alza atraen a los *traders*, y los recién llegados con poco capital entran en hordas en el mercado cerca de los picos importantes. Muchos de ellos doblan sus posiciones en el peor de los momentos. Como dijo Humphrey Neill, «cuando todo el mundo piensa igual, es probable que todo el mundo esté equivocado». Cuando el consenso alcista alcanza un pico récord, el *trader* aventajado comienza a recoger beneficios de las posiciones en largo y a buscar oportunidades de vender en corto. Sabe que el consenso alcista que ha llevado al máximo récord significa que los alcistas ya están colmados de acciones y que difícilmente pueden comprar más para mantener la tendencia al alza.

Respuesta 6-7: A.

La estructura de los mercados de derivados, incluyendo los contratos de futuros, asegura que el número de contratos en corto y en largo siempre sea el mismo. Si el 75 % de los participantes en un mercado son alcistas, significa que hay tres veces más alcistas que bajistas. En ese caso, el bajista medio está en corto con tres veces tantos contratos como el alcista medio esté en largo. Eso significa que el gran capital está en el lado bajista. El gran capital no ha crecido a base de ser tonto; merece la pena apostar por la minoría rica. Cuando el consenso alcista sube hasta el 75 %, comience a vender y a buscar oportunidades de venta en corto.

Respuesta 6-8: D.

El número de contratos en corto y en largo en los mercados de futuros siempre es el mismo. Si la mayoría de los participantes son bajistas, entonces la minoría alcista tendrá que poseer más contratos por *trader*. Un consenso alcista del 20 % significa que hay cuatro bajistas por cada alcista: el alcista medio posee cuatro veces más contratos que el bajista medio. Con el gran capital del lado largo del mercado, prepárese para un repunte marcado.

Respuesta 6-9: B.

Un mercado alcista que ha captado la atención del público es, probablemente, muy maduro, y ya está a punto para la inversión de la tendencia. Los mercados, a menudo, son muy volátiles en las cimas; entrar escalonadamente en una posición con *puts* puede que sea la estrategia operativa más segura. Intentar comprar café, en este momento, significa apostar por la «teoría del aún más necio».[1] Operar en otros mercados debería ser valorado a partir de sus propios méritos.

Respuesta 6-10: 1 = C; 2 = A; 3 = D; 4 = B.

Las posiciones de los *traders* son reportadas al gobierno cuando el tamaño alcanza un nivel determinado para el cual existe la obligación de informar. Esos niveles varían entre mercados. Los límites en las posiciones indican el máximo número de contratos que se le permite poseer a un especulador en un mercado concreto. Los coberturistas están exentos de límites en posiciones. Muchos *traders* muestran una gran sorpresa cuando saben que operar usando muchos tipos de información privilegiada es perfectamente legal en los mercados de futuros.

Respuesta 6-11: 1 = D; 2 = A; 3 = B; 4 = C.

Los productores y distribuidores de materias primas y mercancías operan con ellas en el curso normal de su actividad empresarial y usan los contratos de futuros para cubrir riesgos de inventario. Los grandes especuladores son aquellos cuyas posiciones alcanzan o exceden los niveles para los que existe la obligación de reportar. Si restamos las posiciones que tienen estos dos grupos de las posiciones abiertas, sabremos cuántos contratos están en manos de pequeños *traders*

1. En inglés, *greater fool theory*; teoría según la cual, aunque un activo ya esté valorado en su precio justo, aún queda recorrido para que suba, pues existen suficientes necios para conducir los precios al alza.

que, a menudo, acaban en el lado incorrecto de las tendencias del mercado. Los *insiders* de las corporaciones, con información privilegiada, son empleados de sociedades cotizadas en bolsa y aquellos que poseen el 5 % o más de las acciones de estas sociedades.

Respuesta 6-12: D.
Las compras por parte de *insiders* con información privilegiada son una señal alcista potente, pero tendremos que observar la confirmación alcista con el movimiento del precio. Un mercado bajista de 11 meses es viejo. Nadie tocará una campana para avisar del inicio de un mercado alcista. Como inversor, comience a acumular la acción que ha escogido.

Autoevaluación

0-4 correctas: resultado pobre.
Si no opera con acciones, puede saltarse el NH-NL, pero si planea operar con acciones, o con contratos de futuros u opciones sobre índices bursátiles, tiene el deber consigo mismo de aprender a cómo usar el mejor indicador adelantado del mercado bursátil. Los indicadores de psicología dc masas proporcionan perspectivas únicas sobre las fuerzas que mueven los mercados; es importante entender cómo funcionan.

5-8 correctas: bastante bien.
Tiene una comprensión decente de los indicadores que miden la conducta de las masas en los mercados. Esto puede que baste si sólo quiere una comprensión general del concepto. Si planea usarlo para operar, vuelva a leer el capítulo pertinente, busque las respuestas a las preguntas en las que se ha equivocado y realice esta prueba de nuevo en unos días.

9-12 correctas: sobresaliente.
Entiende los indicadores esenciales del mercado bursátil. Éstos le ayudan a identificar cuándo el mercado se encuentra en una cima o en un suelo. Con este conocimiento, puede usar los indicadores que nos ofrecen los ordenadores (*véase* la parte 4) para afinar sus entradas y sus salidas.

Lecturas recomendadas

Elder, Alexander y Lovvorn, Kerry: *The New High–New Low Index*. Alabama: SpikeTrade, 2012.

Neill, Humphrey B.: *The Art of Contrary Thinking* (1954). Caldwell, ID: Caxton Printers, 1985.

SIETE

Sistemas de inversión

Respuesta 7-1: C (I, II, III y IV).

Las tendencias pueden apuntar en distintas direcciones, y, al mismo tiempo, en diferentes horizontes temporales; por ejemplo, al alza en el gráfico diario, pero a la baja en el semanal, o viceversa. Un indicador de seguimiento de tendencia puede omitir una señal de compra, mientras que un oscilador emite una señal de venta, o viceversa. El sistema de *trading* de triple pantalla está diseñado para gestionar esas señales contradictorias.

Respuesta 7-2: B.

El sistema de *trading* de triple pantalla comienza identificando la tendencia en un gráfico en un orden de magnitud mayor del que uno planea operar. Encuentre la tendencia en el gráfico semanal y entonces busque puntos de entrada en ese sentido en el diario. Si comienza analizando el gráfico diario y sólo comprueba el gráfico semanal más tarde, sus ojos tendrán el prejuicio de lo que han observado en el gráfico diario. Un gráfico mensual se encuentra demasiado alejado del diario: los horizontes temporales de los dos gráficos deberían relacionarse entre sí por un factor de cinco. Una barra semanal contiene los datos de 5 barras diarias.

Respuesta 7-3: C.

Mantener un buen registro es esencial para testear un sistema. Comience al principio de su archivo de datos y avance día a día, registrando cada señal y acciones planeadas. Observar cómo emergen las señales y cómo, gradualmente, nos hacen obtener beneficios y pérdidas teóricos es lo más cerca que podremos estar del *trading* real sin poner capital en riesgo. Si le gusta lo que ve y comienza a operar con ese sistema en su cuenta, use posiciones pequeñas. Concéntrese en aprender cómo funciona el sistema en el mundo real antes de, gradualmente, utilizar posiciones de mayor tamaño. Dado que usted no puede saber exactamente cuánta otra gente puede que use este sistema, el *feedback* de otros no significa nada comparado con los resultados que usted mismo obtenga.

Respuesta 7-4: B.

La entrada, el objetivo y el *stop* son los tres números esenciales para todo *trader*; debe dejarlos por escrito antes de entrar. Proporcionan la estructura de cada operación y le permiten comparar el riesgo y el beneficio y decidir con qué tamaño operar. Una operación sin estos números no es una operación, sino una apuesta. Calcular los beneficios en medio de una operación activa sólo le distraerá de gestionar esa operación.

Respuesta 7-5: B.

El *trader* direccional tiene tres opciones: comprar, vender o quedarse al margen. El primer filtro de la triple pantalla funciona como un censor, quitando una de esas opciones. Podrá buscar operaciones sólo en el sentido del horizonte temporal a más largo plazo o quedarse al margen.

Respuesta 7-6: C.

Cuando el primer filtro del sistema de triple pantalla apunte al alza, utilice los descensos de un oscilador a corto plazo para encontrar oportunidades de compra. Cuando el primer filtro apunte a la baja, use los repuntes de un oscilador a corto plazo para identificar oportunidades de venta en corto. Esta regla es de ayuda para evitar ir persiguiendo tendencias al alza o a la baja. En este ejemplo, el oscilador a corto plazo ya está en sobrecompras; espere a que baje antes de adoptar posiciones largas.

Respuesta 7-7: B.

Cuando la tendencia semanal es al alza, pero la tendencia diaria es a la baja, la triple pantalla indica una oportunidad de compra. Una de las opciones es introducir una orden *buy-stop* por encima del máximo del día anterior para así captar una ruptura al alza a corto plazo.

Respuesta 7-8: C.

La tendencia al alza de Bed, Bath & Beyond Inc. (BBBY) en el gráfico semanal viene confirmada por su MME creciente, así como la tendencia al alza del histograma MACD. La tendencia al alza semanal nos lleva a la decisión estratégica de buscar exclusivamente oportunidades de compra en el gráfico diario. Ahí observamos una retirada a la MME, mientras el índice de fuerza por debajo de cero indica una condición de sobreventa. De acuerdo con la triple pantalla, las retiradas en los gráficos diarios, durante tendencias al alza semanales, indican oportunidades de compra. Coloque una orden de compra por encima del último máximo diario. El hecho de que las tendencias semanal y diaria estén en conflicto es algo que pasa normalmente en los mercados: el propósito de la triple pantalla es resolver conflictos como éste a su favor.

Respuesta 7-9: 1 = C; 2 = A; 3 = B; 4 = C.
Cuando la tendencia semanal sea al alza y la tendencia diaria a la baja, use esos descensos para captar oportunidades de compra. Cuando la tendencia semanal sea a la baja, y la tendencia diaria al alza, use esos repuntes para entrar en posiciones cortas. Intentar entrar en una operación cuando ambas tendencias, semanal y diaria, se mueven en el mismo sentido, es como intentar subirse a un tren marcha. Puede hacerse, pero es más seguro esperar una retirada.

Respuesta 7-10: A.
La pendiente de la MME rápida monitoriza la inercia del mercado, mientras que la pendiente del histograma MACD refleja el sentido de la fuerza del mercado. El papel principal del sistema impulso no es decirles a los *traders* cuándo comprar o vender. Más bien es mostrarles cuándo queda prohibido comprar o vender en corto. Es un sistema de censura; cuando el sistema impulso está en rojo, prohíbe comprar. Esta prohibición es retirada cuando su color cambia del rojo bajista al azul neutro o al verde alcista.

Respuesta 7-11: 1 = A; 2 = C; 3 = B; 4 = C.
El color del sistema impulso depende de sus dos componentes: una MME y el histograma MACD. Cuando ambos están subiendo, el impulso se pone en verde: alcista, prohibiendo operaciones en corto. Cuando ambos descienden, el impulso se pone en rojo: bajista, prohibiendo comprar. Cuando estos dos componentes se contradicen entre sí, el impulso se pone en azul: neutro.

Respuesta 7-12: 1 = E y H; 2 = A y C; 3 = B, D, F, G e I.
El sistema impulso es un sistema de censura. Cuando tanto la MME como el histograma MACD dan un giro y apunta hacia abajo, coloreando la barra de rojo, prohíbe comprar. Cuando ambos indicadores dan un giro hacia arriba, coloreando la barra de verde, no se permite vender en corto.

El sistema impulso no debería usarse como método de *trading* automático: aunque captura todas las tendencias, sometería al *trader* que opera automáticamente a múltiples vuelcos inesperados; por ejemplo, en el área entre las letras C y G. Sus mejores señales son emitidas cuando el color rojo o verde desaparece. Por ejemplo, cuando desaparece el rojo en la barra G, esto muestra que el doble suelo se había completado, sugiriendo comprar. Cuando el verde desaparece en la barra I, eso señala que se acerca el fin de una poderosa oscilación al alza, lo que sugiere recoger beneficios.

Respuesta 7-13: A.
En el borde derecho del gráfico, tanto la MME como el histograma MACD están subiendo: el sistema impulso pintaría esa barra de verde. Si ambos indicadores hubiesen estado descendiendo, la barra habría estado en rojo; si hubiesen estado apuntando en sentidos contrarios, la barra habría estado en azul. Es importante tener esto en mente si uno quiere conocer el

color del impulso en el borde derecho de un gráfico usando software que no permite colorear las barras.

Respuesta 7-14: C.

Construir el canal no tiene ningún misterio. Vaya ajustando su amplitud hasta que contenga la mayor parte de los precios, dejando fuera tan sólo los máximos y mínimos más extremos, para las últimas entre 50 y 100 barras. Los precios que se mueven por fuera de un canal bien trazado identifican zonas de optimismo o pesimismo no insostenibles en que es probable que el mercado dé un cambio de tendencia. Tenga en mente que en raras ocasiones el mercado puede que permanezca fuera de su canal durante un período más largo, pero esto es la excepción que confirma la regla.

Respuesta 7-15: 1 = C; 2 = A; 3 = D; 4 = B.

La media móvil refleja el consenso de valor medio. El canal hace seguimiento de los límites entre el movimiento del precio normal y anormal. El mercado está infravalorado cuando cae por debajo de la línea de canal inferior, y sobrevalorado cuando sube por encima de la línea de canal superior. El coeficiente del canal tiene que ajustarse hasta que el canal contenga entre el 90 y el 95 % del movimiento del precio de alrededor de las últimas 50 y 100 barras.

Respuesta 7-16: A.

La pendiente de un canal nos proporciona información importante. Cuando es positiva, o sube, muestra que el mercado es alcista. Cuando es negativa, o baja, el mercado es bajista. Cuando está plana, el mercado es neutro. Una ruptura en el sentido de la pendiente del canal indica una tendencia poderosa; un retorno a la media móvil casi siempre ofrece una buena oportunidad de operar en el sentido de la tendencia. Las oscilaciones entre los muros de un canal plano también proporcionan buenas oportunidades para operar. Comprar y vender sobre la media móvil no siempre es buena idea. Tiende a funcionar cuando un canal está inclinado, pero no cuando está plano.

Autoevaluación

0-6 correctas: resultado pobre.

No entender los sistemas de *trading* es peligroso: operar sin un sistema es como navegar sin timón. Por favor, tome los días siguientes para leer de nuevo la sección pertinente del libro y vuelva a realizar esta prueba antes de proceder adelante.

7-11 correctas: bastante bien.

Tiene un conocimiento de los conceptos esenciales de los sistemas de *trading* que le permite operar. Este nivel de conocimiento puede que sea suficiente en otros ámbitos, pero no cuando se trata de sistemas de *trading*. Debe conocerlos de arriba abajo: le ayudarán a sobrevivir y a prosperar en los mercados. Por favor, revise sus respuestas y busque sus puntos débiles. Entonces relea la sección relevante y vuelva a realizar esta prueba.

12-16 correctas: sobresaliente.
Domina los conceptos esenciales de los sistemas de *trading*. Por favor, revise las preguntas en que sus respuestas no han coincidido con las que el libro indica. Compruebe si las discrepancias se han producido debido a errores o a su propio estilo operando. Los *traders* de éxito son creativos y pueden tener opiniones distintas. Después prosiga con el siguiente tema, que es muy importante: escoger los mercados en los que operar.

Lecturas recomendadas

Kaufman, Perry: *Nuevos sistemas y métodos de trading*. Millenium Capital, 2011.

Vehículos de inversión

Respuesta 8-1: C.

Operar con vehículos líquidos con alto volumen de operaciones ayuda a reducir el deslizamiento. Los instrumentos volátiles que se mueven rápido ofrecen más oportunidades. Merece la pena centrarse en los mercados con un horario de sesión que esté cerca de su zona horaria, para poder estar despierto cuando la acción está teniendo lugar. La popularidad no es un factor clave: algunas de las mejores oportunidades se hallan en mercados que no son populares, pero en que está bien operar siempre que tengan una buena liquidez y volatilidad.

Respuesta 8-2: D.

Los bonos representan préstamos, mientras que las acciones representan propiedad sobre sociedades. Tendría que comprar una gran cantidad de ellas para llegar a ser un *insider*. En Estados Unidos, de acuerdo con las obligaciones de información, los *insiders* corporativos se definen como los ejecutivos y directivos de una sociedad y aquellos que poseen más de un 10% de los valores. Una idea falsa y peligrosa es esperar que el precio de una acción suba porque una empresa gana dinero. Si se esperaba que una empresa informase de unos beneficios de 100 millones de dólares para un trimestre, pero anuncia unos beneficios de 70 millones de dólares, es probable que sus acciones sufran a causa de la decepción entre los accionistas ante el anuncio de beneficios.

Respuesta 8-3: D.

Warren Buffett dice que cuando uno compra una acción, pasa a ser socio de un tipo maniaco-depresivo llamado Sr. Mercado. Cada día, éste quiere comprarle sus acciones, o venderle sus acciones a usted. Ocasionalmente, el Sr. Mercado se deprime tanto que le ofrece sus acciones baratas, y entonces es cuando usted debería comprar. Otras veces se vuelve tan loco que le ofrece un precio disparatado por sus acciones, y entonces es cuando usted debería vender. Esto es, de forma muy resumida, un recordatorio para comprar a precios bajos y vender a precios altos.

Respuesta 8-4: A.
Cada ETF contiene una selección de diversos activos, como acciones de sectores industriales o países específicos, materias primas y mercancías, o bonos. Dado que existe una enorme cantidad de ETF disponibles para todo *trader*, hay muchas opciones, pero el rendimiento de los ETF va por detrás debido a los gastos administrativos, que siempre son uno de los factores clave en los resultados a largo plazo. Los precios de muchos ETF divergen de manera escandalosa de los grupos de activos que supuestamente siguen.

Respuesta 8-5: I = B; II = D; III = A; IV = C.
Una opción de compra (*call*) es una apuesta a que una acción subirá, mientras que una opción de venta (*put*) es una apuesta a que bajará. Comprar una opción de compra a 40 dólares cuando la acción subyacente cotiza a 38 dólares hace que esa opción de compra esté fuera «de dinero»: su precio entero representa la esperanza de que la acción subirá por encima de 40 dólares. Si lo hace, cuando lo haga, esa opción de compra estará «en dinero».

Respuesta 8-6: C.
Las opciones pierden valor a medida que se acercan a su fecha de vencimiento; ganan valor a medida que la acción se aproxima al precio de ejercicio de la opción. Las opciones sobre acciones volátiles tienden a ser más caras, ya que sus precios pueden oscilar más que los de las acciones menos volátiles. No importa de cuán cerca una acción siga a su sector industrial; esto no constituye un factor en la formación del precio de la opción.

Respuesta 8-7: I = A y D; II = B y C; III = C y D.
La persona que compra una opción de compra puede obtener beneficios sólo si la acción subyacente sube; si cae, o incluso permanece igual, el ganador será el *trader* que emitió la opción de compra. El comprador de una opción de venta sólo obtendrá beneficios si la acción subyacente cae; si sube, o incluso si permanece igual, el emisor de la opción será el que se beneficie. Existen tres posibles situaciones para toda acción: subir, bajar, o permanecer igual. Sólo una de las tres beneficia al comprador de la opción; las otras dos benefician al emisor de la opción.

Respuesta 8-8: B.
Comience analizando el valor subyacente, decida qué nivel es improbable que alcance, y entonces venda una opción más allá de ese nivel. En Internet puede encontrar la Delta de una acción, y eso le ayudará a identificar ese nivel. También tendrá que decidir a qué nivel el valor subyacente demostrará que usted estaba equivocado, indicándole que debe salir. Situar un *stop* físico

le expondría al peligro de las órdenes abiertas corrientes, un problema común con las opciones. Es mejor anotar su *stop* e introducir una orden para salir después de que el valor subyacente llegue a ese punto. Considere ahorrar un pequeño porcentaje de sus beneficios en una cuenta, como seguro para el día en que una opción que haya emitido se gire en su contra agresivamente.

Respuesta 8-9: D.

El número de contratos en largo y en corto para cada opción y futuro siempre es el mismo por definición. Una diferencia enorme entre opciones y futuros es que si uno compra una opción y su precio se mueve en su contra, uno puede abandonarla e irse, perdiendo sólo lo que se ha pagado por ella. Uno no puede abandonar los futuros: tiene que, o bien encajar las pérdidas, o poner capital extra de margen para soportar unas pérdidas que se profundizan. El resto de las diferencias tienen poca importancia, comparadas con ésta.

Respuesta 8-10: B.

Los límites diarios en los precios, el vencimiento de los contratos y el *trading* con información privilegiada permitido legalmente son desafíos suficientemente grandes, pero el factor de mayor riesgo con los futuros es que la gente puede operar con ellos con márgenes muy pequeños, hasta tan sólo el 5 % del valor de un contrato. Cuando su depósito de 5000 dólares controla 100.000 dólares de una mercancía, y ésta se mueve un 5 % a su favor, usted estará doblando su capital. El problema es que, si se mueve en su contra sólo por algunos puntos porcentuales, su margen quedará aniquilado. Uno debe tener una disciplina absoluta y habilidades de gestión del capital excelentes para obtener beneficios con contratos de futuros.

Respuesta 8-11: I = C; II = D; III = A; IV = B.

La demanda sobre toda materia prima o mercancía cambia lentamente, pero el mercado puede reaccionar de forma violenta cuando la oferta se ve amenazada. Los especuladores en diferenciales (*spread traders*) apuestan a que las relaciones normales en el mercado se reanudarán; cuando dos mercados relacionados dejan de estar sincronizados, compran el que está infravalorado y venden en corto el que está sobrevalorado, esperando a que su relación vuelva a la normalidad. Los meses de entrega remotos normalmente son más caros a causa del «coste de traslado», como almacenamiento y seguro; pero en los mercados alcistas, cuando la demanda está al rojo vivo, los futuros pueden invertirse, ofreciendo una prima por la entrega antes de hora. La cobertura de riesgos (*hedging*) es el fundamento económico de los mercados de futuros: los granjeros pueden vender futuros sobre trigo mucho antes de cosechar el grano, mientras que las aerolíneas pueden comprar contratos sobre combustible meses, o incluso años, antes de necesitar ese combustible.

Pregunta 8-12: B (I y II).

El mercado Forex está por completo descentralizado; los *traders* institucionales negocian directamente con el resto, usando plataformas en línea. Los clientes minoristas sufren cuando sus casas de Forex toman posiciones contrarias a las de sus órdenes, en vez de transmitirlas al mercado; para que uno gane, su casa de Forex debe perder. Los márgenes salvajes en manos de *traders* poco sofisticados se convierten en una herramienta para «pasar-a-ser-pobre-rápido». Las casas de Forex raramente cobran comisiones, pero muchas obtienen beneficios jugando en contra de las posiciones de sus clientes.

Autoevaluación

0-4 correctas: resultado pobre.
Sea lo que sea con lo que opere, necesita entender los factores clave sobre ese mercado. A falta de ese conocimiento, usted será una presa fácil para los operadores agudos y acabará perdiendo. Por favor, tómese los días siguientes para leer de nuevo la sección pertinente del libro principal y vuelva a realizar esta prueba antes de proseguir.

5-8 correctas: bastante bien.
Tiene un conocimiento de los conceptos esenciales de, al menos, algunos vehículos de inversión, que le permite operar. Si todas sus respuestas sobre acciones u opciones fueron correctas, y sólo desea operar en esos mercados, puede que baste. Para conseguir una comprensión más profunda de toda clase de vehículos de inversión que tiene a su disposición, por favor vuelva a leer la sección pertinente y realice de nuevo esta prueba.

9-12 correctas: sobresaliente.
Su conocimiento sobre vehículos de inversión es muy bueno. Por favor, revise las preguntas cuyas respuestas han sido erróneas y busque las páginas pertinentes en el libro. Después prosiga con el siguiente tema, muy importante: la gestión del riesgo.

NUEVE

Gestión del riesgo

Respuesta 9-1: B.

El *trading* emocional es enemigo del éxito. Nadie puede estar de subidón y ganar dinero de forma consistente. El *trader* puede salirse con la suya con el *trading* emocional durante un tiempo breve, pero la codicia sin freno y el miedo destruyen cualquier cuenta. Su objetivo debe ser realizar las operaciones más inteligentes calculando los beneficios potenciales con calma y limitando el riesgo.

Respuesta 9-2: C.

A todos nos gusta pensar que somos listos; encajar pérdidas hiere nuestros egos. Encajar unas pérdidas significa abandonar la esperanza de que una operación acabará saliendo bien; a nadie le gusta vivir sin esperanza. Los buenos *traders* son realistas; aguantar en una operación que está perdiendo no es una táctica saludable.

Respuesta 9-3: B.

La reticencia a encajar pérdidas es una señal de *trading* emocional. Añadir a una operación en pérdidas muestra que el *trader* está viviendo una fantasía de que va a ganar, en vez de hacer frente a la realidad de unas pérdidas. Para el perdedor, un sueño sigue siendo real mientras aguante en su posición. De hecho, si uno ha entrado en una operación siguiendo un conjunto de señales de los indicadores, y esos indicadores cambian de sentido, ¿qué hay de racional en permanecer en esa operación? No está funcionando: salga para preservar su capital y busque una operación mejor.

Respuesta 9-4: C.
Una racha de tres operaciones con pérdidas seguidas puede aniquilar al *trader* A, pero el *trader* B puede sobrevivir a una racha de nueve operaciones con pérdidas. El *trader* A está a sólo tres jugadas de caer en la bancarrota, mientras que el *trader* B tiene suficiente capital para aguantar nueve jugadas desafortunadas. En igualdad de condiciones, el *trader* más pobre de los dos se quedará sin nada antes.

Respuesta 9-5: B (II, III, I).
El primer objetivo de la gestión del capital es asegurar la supervivencia. El segundo es obtener una tasa de rentabilidad constante, y el tercero consiste en obtener altos beneficios, pero la supervivencia es el primero.

Así es como operan los profesionales; muchos principiantes tienen sus prioridades invertidas.

Respuesta 9-6: D (I, II, III y IV).
Todas estas reglas de gestión del capital han resistido la prueba del paso del tiempo. Sígalas y deje que sus competidores las incumplan.

Respuesta 9-7: A (I).
Contar dinero en medio de una operación abierta es un piloto rojo que le da una señal: un aviso de que sus emociones están entrando en juego y de que está a punto de perder, pues éstas se antepondrán al intelecto. Si no puede quitarse el dinero de la cabeza, salga de la operación. El momento para establecer los objetivos de beneficio y los niveles de *stop* es antes de la operación. El momento de comprobar su capital es después de que la operación haya finalizado.

Respuesta 9-8: C.
La regla del 2% dicta cuál es su riesgo máximo, en dólares, por operación. El 2% en una cuenta de 28.000 dólares son 560 dólares, que deben cubrir no sólo el riesgo, sino también el deslizamiento y las comisiones. Con un *stop* a 98 centavos de distancia, si compra 500 acciones tendrá suficiente dinero para pagar las comisiones y cubrir el posible deslizamiento. Operar con posiciones más grandes sería temerario.

Respuesta 9-9: B (I y II).
Contar dinero en medio de operaciones abiertas es peligroso, ya que conduce a pensar sobre qué compraremos con los beneficios potenciales no realizados. Así es como la gente comienza a soñar en vez de gestionar operaciones y pierde dinero. Mover un objetivo o ajustar un *stop* está permitido.

Respuesta 9-10: D (I, II, III y IV).
Los *traders* serios sitúan un *stop* en el momento en que entran en una operación, y lo ajustan sólo en un sentido: en el de esa operación. Cuando uno adopta una posición larga, puede mantener el *stop* en su lugar, o puede ajustarlo al alza, pero nunca ajustarlo a la baja. Cuando uno se pone en corto, puede mantener el *stop* en su lugar, o ajustarlo a la baja, pero nunca al alza.

Respuesta 9-11: C (I, II y III).
Una orden *stop-loss* limita el riesgo, pero no siempre funciona como esperaríamos. Los precios pueden saltarse el *stop* abriendo una brecha. El *stop* no es la herramienta perfecta, pero es la mejor herramienta de defensa que tenemos.

Respuesta 9-12: B (II y III).
El *trader* A está poniendo en riesgo 400 dólares, mientras que la regla del 2% le permite arriesgar no más de 360 dólares. El *trader* B está poniendo en riesgo 800 dólares, mientras que la regla del 2% le permite arriesgar hasta 1000 dólares. El *trader* C está poniendo en riesgo 400 dólares, mientras que la regla del 2% le permite arriesgar hasta 500 dólares. El *trader* D está poniendo en riesgo 1500 dólares, mientras que la regla del 2% le permite arriesgar hasta 1200 dólares. Los *traders* B y C aceptan los riesgos del empresario, mientras que los *traders* A y D están arriesgándose a sufrir pérdidas reales. La regla del 2% establece un límite claro sobre el riesgo por operación; es una regla fácil de seguir, a menos que la codicia asome su fea cabeza.

Respuesta 9-13: D (II y IV).
Los dos errores mortales en el *trading* son: no usar *stops* e iniciar operaciones que ponen en riesgo más de lo que una cuenta puede permitirse. Existen otros errores bastante malos, pero si uno usa *stops* y opera con posiciones de un tamaño razonable, al menos esos errores no acabarán con su cuenta.

Respuesta 9-14: D.
El triángulo de hierro plantea tres preguntas simples: ¿cuál es el máximo nivel de riesgo en dólares aceptable para esta operación? ¿En qué punto entrar en esta operación? ¿Dónde situar el *stop*? La distancia desde el punto de entrada hasta el *stop* es el riesgo por acción. Dividir el riesgo total aceptable por el riesgo por acción nos da el máximo número de acciones que podemos comprar o vender al descubierto en esta operación.

Respuesta 9-15: C.
Una serie de pérdidas, incluso si son relativamente pequeñas, puede sumar para acabar suponiendo una caída importante de nuestro capital. La regla del 6% le protege, forzándole a dejar de operar al principio de una caída así. Crea un período para calmarse y refrescarse: revise su sistema, estudie los mercados y vuelva a ellos al mes siguiente.

Respuesta 9-16: A.

La regla del 6 % no se preocupa de los beneficios; su función es gestionar el riesgo y limitar las caídas importantes del capital. Contabilizará sus beneficios a final de mes. Si su capital se ha incrementado, tanto la regla del 2 % como la del 6 % le permitirán disponer de un mayor riesgo disponible al mes siguiente.

Respuesta 9-17: B.

Las pérdidas traumatizan a los *traders*. Si vuelve al mercado tras una pausa, tendrá que tomárselo con calma. Reduzca la cantidad de riesgo que acepta en cada operación. Establezca objetivos de rentabilidad realistas, e incremente gradualmente el tamaño de sus posiciones.

Autoevaluación

0-6 correctas: resultado pobre.

La luz roja está encendida: no entiende la gestión del capital. Antes de realizar otra operación con dinero real, estudie los capítulos pertinentes y vuelva a realizar esta prueba.

7-12 correctas: así-así.

Existen lagunas en su comprensión de la gestión del riesgo. Este tema es demasiado importante para conformarse con nada más que no sea la mejor puntuación en esta prueba. Por favor, revise las preguntas para las cuáles ha respondido equivocadamente, estudie los capítulos pertinentes y vuelva a realizar esta prueba en unos días.

13-17 correctas: sobresaliente.

Tiene un dominio operativo de las reglas esenciales de la gestión del capital. Revise las preguntas para las que sus respuestas son diferentes de las que este libro propone. La gestión del capital pone un muro de protección alrededor de su cuenta. Busque todas las brechas en ese muro y repárelas.

Lecturas recomendadas

VINCE, RALPH: *Portfolio Management Formulas.* Hoboken, NJ: John Wiley & Sons, 1990.

DIEZ

Detalles prácticos

Respuesta 10-1: B.

Dependiendo de cuán alcista se sienta, puede comprar una ruptura por encima del máximo del día anterior, una retirada al valor, o una penetración de la zona de valor hasta donde las anteriores retiradas tocaron fondo. Generalmente no es buena idea ponerse en largo por encima del canal. La línea de canal superior marca la zona en que el alcismo se vuelve maníaco; aunque quizá continúe, es más probable que la tendencia cambie.

Respuesta 10-2: B.

Cuando la tendencia es al alza, tiene sentido comprar retiradas por debajo del valor. La media de las penetraciones de los anteriores tres meses era de menos de 3 dólares. No tiene sentido ser codicioso e intentar clavarla en el fondo del todo de una retirada; capturar una penetración de un dólar es algo en lo que se puede confiar más que en capturar una de 3 dólares.

Respuesta 10-3: A.

Un canal bien diseñado contiene la mayor parte de las oscilaciones del mercado, lo que hace de su límite superior un buen objetivo para los repuntes. Una operación que capture el 30 % de la altura de un canal obtendría un sobresaliente. En una tendencia al alza, deberíamos esperar que los precios subiesen en una cantidad mayor por encima de la MME de la que cayeron por debajo de ésta en una retirada. Para cuando la media móvil cambia de tendencia y se gira a la baja, los beneficios potenciales no realizados pueden convertirse en pérdidas.

Respuesta 10-4: D.

En las operaciones con posiciones a largo plazo, uno tiene que desconfiar de usar herramientas de recogida de beneficios como son las medias móviles, envolventes e indicadores de divergencia. Si planea entrar en una operación y mantenerse en ella durante unos meses, esas herramientas, que son sensibles, le echarían fuera de la operación antes de hora. Es mejor establecer objetivos de beneficio usando zonas de soporte y de resistencia.

Respuesta 10-5: C.

Fijar *stops* y objetivos de beneficio nos permite calcular ratios recompensa/riesgo. Para mal de la mayor parte de *traders*, los vuelcos inesperados son una realidad; los mercados cambian de tendencia a su favor justo después de que salte su *stop* y les eche de la operación. Los *stops*, de forma general, ofrecen una forma confiable de proteger nuestra cuenta, pero, desgraciadamente, no garantizan que nuestro riesgo máximo esté limitado, ya que los precios pueden saltar abriendo brecha por encima de los niveles de *stop*.

Respuesta 10-6: C (I, II y III).

Situar *stops* fuera de la zona de ruido del mercado ayuda a reducir los vuelcos inesperados. Los canales, la zona de seguridad y los *stops* ATR trazan la línea que separa las oscilaciones normales de las anormales, cada uno a su manera. No así el soporte y la resistencia: comprar muy cerca del soporte aún nos expone al ruido del mercado.

Respuesta 10-7: D (I, II, III y IV).

Guarde la distancia con las masas: un extremo en el precio muy visible atrae a demasiados *stops*. Lo mismo ocurre con los números redondos. Sitúe sus *stops* ligeramente más allá de ambos. Un *stop* es una herramienta de control de riesgo; a medida que una operación se mueve a su favor, puede ajustar su *stop* para proteger una parte de sus beneficios. Nunca mueva un *stop* para darle más espacio a una operación en pérdidas.

Respuesta 10-8: C.

Cuando esté en una posición en largo, querrá comprar tan cerca del mínimo de la barra y tan lejos del máximo de la barra como sea posible. El rango del día ha sido de 2 dólares (23 dólares menos 21 dólares). Ha comprado a 1,50 dólares de distancia del máximo. Si dividimos 1,50 dólares entre 2 dólares, eso muestra que su nota es de un 75 %, ¡excelente! Toda nota de compra por encima del 50 % es buena, pues muestra que ha comprado dentro de la mitad inferior de la barra.

Respuesta 10-9: A.

Quiere vender tan cerca del máximo de la barra y tan lejos del mínimo de la barra como sea posible. El rango del día ha sido de 3 dólares (29 dólares menos 26 dólares). Ha vendido a un dólar de distancia del mínimo. Si dividimos un dólar entre 3 dólares, eso muestra que su nota fue de un 33 %, así-así. Una buena nota de venta estaría por encima del 50 %, lo que significaría que ha vendido en la mitad superior de la barra.

Respuesta 10-10: B.
De las tres notas de cada operación –de compra, de venta y nota de operación–, la nota de operación es la más importante. Dado que los canales se han trazado para contener entre el 90 y el 95 % de los precios recientes, la altitud del canal del día en que entra refleja una ganancia máxima disponible realista. Obtener un tercio o más de un canal hace que consiga una nota de sobresaliente en la operación. En este ejemplo, ha logrado 2 dólares de un canal de 6 dólares, ¡muy bien!

Respuesta 10-11: C.
Un buen escaneo puede encontrar un grupo de candidatos sobre el que centrar su atención, pero no garantiza operaciones rentables. Comience definiendo el patrón que busca, y entonces eche su red de pesca (escaneo) tan amplia o estrechamente como desee. Comience escaneando un grupo pequeño y después podrá expandir su búsqueda.

Respuesta 10-12: A.
Tiene opciones ilimitadas a la hora de configurar los parámetros de escaneo. Puede programarlo para excluir acciones cuyo volumen sea demasiado bajo, cuyos precios estén fuera de su rango preferido, o cuya tendencia entre en conflicto con su visión actual sobre el mercado. Lo que no podrá hacer es filtrar acciones no rentables: esto es algo sobre lo que usted intentará hacerlo lo mejor que pueda durante el proceso de revisión final, cuando analice la lista de candidatos que su escaneo le proporcione.

Autoevaluación

0-4 correctas: resultado pobre.
Esta puntuación es demasiado baja para un *trader*. Esto puede que no importe en el caso de un analista teórico, pero el *trader* debería releer los capítulos pertinentes y volver a realizar esta prueba antes de proseguir.

5-8 correctas: bastante bien.
Existen lagunas en su comprensión de conceptos prácticos. Es importante saber cómo configurar las entradas, los objetivos y los *stops*, y cómo medir su rendimiento en cada operación. Por favor, revise las respuestas de las preguntas que ha fallado, vuelva a leer los capítulos pertinentes, y vuelva a realizar esta prueba en unos días.

9-12 correctas: sobresaliente.

Tiene un conocimiento operativo sobre fijación de entradas, objetivos y *stops*, y sobre la medición de su rendimiento. Diferentes *traders* usan distintas tácticas; por favor, revise aquellas partes cuyas respuestas difieren de las que este libro proporciona, y compruebe si se ha equivocado o si se trata realmente de una diferencia de opinión.

ONCE

Cómo llevar un buen registro

Respuesta 11-1: C.

Llevar un buen registro le ayudará a aprender de sus experiencias, mejorar la disciplina y reducir la impulsividad. No evitará que cometa errores, pero le ayudará a aprender de ellos y a dejar de repetirlos.

Respuesta 11-2: B.

Revisar el rendimiento del día anterior y ajustar *stops* es importante, pero el propósito de sus tareas matinales es centrarse en factores que probablemente sean relevantes durante la sesión de *trading* presente. Puede incluir la conducta de los mercados durante la noche, la revisión de informes sobre aspectos fundamentales que sean publicados hoy y el resto de los factores relevantes en su proceso de toma de decisiones.

Respuesta 11-3: B (II y III).

Hay días en que su salud, su humor y sus deberes lo sitúan en un buen lugar para la práctica del *trading*. También hay días en que tendrá molestias de salud, su estado anímico sea lúgubre y que haya hecho poco en cuanto a sus deberes: ésos son los días en que no debería operar. Una autoevaluación adaptada a su personalidad puede proporcionarle una medida objetiva de su disposición para operar. No incremente el tamaño de sus posiciones cuando todo está perfecto, ya que en tales días cualquier cosa que cambie sólo puede ser para peor.

Respuesta 11-4: D.
Tiene que definir la estrategia que usará para una operación y configurar su entrada, objetivo y *stop*. Asignar una cantidad fija de riesgo a la operación le permitirá usar el triángulo de hierro del control de riesgo para decidir con cuántas acciones o contratos operar. Es mejor no contabilizar beneficios hasta el cierre de la operación; concéntrese en la calidad y el dinero será una consecuencia.

Respuesta 11-5: B (II y IV).
La estructura del Apgar para operaciones es simple: no debe tener más de cinco preguntas y cada una no puede tener más de tres respuestas posibles. Un test de Apgar para operaciones nos conduce a una revisión rápida de si una acción se merece un plan operativo. Si no es el caso, pase al siguiente candidato; en caso de que sí lo sea, trabaje en un plan operativo detallado.

Respuesta 11-6: D (I, II, III y IV).
Una hoja de operación es un documento clave para planificar y hacer el seguimiento de su operación. Deberá identificar la estrategia con la que operará; fijar la entrada, el objetivo y el *stop*; asignar el riesgo; y calcular el tamaño de la operación. También deberá incluir recordatorios por escrito de los factores esenciales, como las fechas de los informes de resultados.

Respuesta 11-7: C (I, II y III).
Es esencial documentar sus *stops*, así como los niveles a los que los moverá hasta el punto de equilibrio. Tales decisiones se toman mejor muy al principio de la operación. Lo mismo ocurre con el diario: documente su entrada mientras aún esté fresca en la memoria. Es mejor no contabilizar beneficios mientras una operación esté abierta: concéntrese en la gestión de la operación y contabilice los beneficios tras salir de ella.

Respuesta 11-8: D.
La mayor parte de *traders* por cuenta propia trabajan aislados y no reciben *feedback* alguno. Esto hace que revisar sus operaciones pasadas resulte una herramienta de aprendizaje de especial importancia. Existe un dicho ruso que afirma: «No pise el mismo rastrillo dos veces». Cuando uno pisa un rastrillo que está en el suelo, éste se levanta y le golpea en la frente. Puede pasarle a cualquiera, pero no vuelva a pisarlo. Revisar las operaciones pasadas le ayudará a recordar dónde se encuentran esos rastrillos.

Respuesta 11-9: C.
Todas las acciones mencionadas en esta pregunta son importantes, pero la que tiene un mayor valor educativo es volver a repasar cada operación algunas semanas, e incluso meses, después de haber salido de ella, y revisar un gráfico actualizado. Para entonces, las tendencias y los cambios de éstas estarán claros, podrá ver exactamente qué hizo bien y qué hizo mal, y podrá usar esas lecciones en adelante.

Autoevaluación

0-3 correctas: resultado pobre.

Un buen registro es la base del éxito en el *trading*. Por favor, relea los capítulos pertinentes y vuelva a realizar esta prueba antes de proseguir.

4-6 correctas: bastante bien.

Llevar un buen registro está directamente relacionado con un mejor *trading*. Es una habilidad bastante simple pero esencial; no se conforme con una calificación de «bastante bien». Revise sus respuestas a las preguntas que ha fallado, vuelva a leer de nuevo los capítulos pertinentes y vuelva a realizar esta prueba en unos días.

7-9 correctas: sobresaliente.

Tiene una comprensión operativa de cómo llevar un registro. Por favor, asegúrese de implementarlo: comience a llevar un diario de *trading*. Este esfuerzo le retornará en forma de beneficios y le servirá durante muchos años.

Epílogo

Ahora que ha puesto a prueba su conocimiento del *trading* con este libro, mejor que esté preparado para la mayor prueba de todas: operar en los mercados. El *trading* financiero es una prueba que nunca agota su habilidad de pensar correctamente bajo presión, de tomar decisiones inteligentes y libres de emociones, y de permanecer al mando del dinero en su cuenta.

Este libro le ha proporcionado diversas escalas de autoevaluación para evaluar sus habilidades; le ha facilitado una lista de lecturas y le ha permitido volver a realizar las pruebas que no ha pasado anteriormente. La principal escala de calificación de su rendimiento en el mercado será la pendiente de su curva de capital. Las mejores curvas muestran un crecimiento constante de la cuenta, con pequeñas caídas. Tiene que vigilar su capital y dejar de operar durante el resto del mes si ésta cae más de un 6 % desde el punto final del mes anterior.

Asegúrese de que lleva un diario de sus operaciones, incluyendo no sólo las fechas, los símbolos *tickers* y el tamaño de las operaciones, sino también gráficos y sus comentarios personales. Esto le servirá de ayuda para aprender de su experiencia y mejorar su rendimiento.

Yo llevo todos mis registros con Trade Journal, en SpikeTrade.com; el formato de este diario ha mejorado y se ha ido puliendo con los años. Incluso en el caso de que quiera diseñar su propio sistema para llevar un registro, estudie bien el Trade Journal para ver qué aspecto debería tener y cómo debería funcionar un buen sistema.

No hable de sus operaciones mientras estén abiertas. Hablar de posiciones abiertas es peligroso, pues sitúa nuestro ego en el centro de atención. Una vez la operación se haya cerrado, podrá beneficiarse de las opiniones de aquellos amigos por los que sienta respeto.

El hecho de que haya invertido tiempo y energía en estudiar y en realizar las pruebas de este libro muestra que se toma en serio el *trading*. Continúe examinando los mercados, mantenga la calma y céntrese en hacer crecer el capital de su cuenta con caídas mínimas. Le deseo éxito en la realización de su sueño: vivir del *trading*.

Dr. Alexander Elder
Nueva York–Vermont, 2014.

Bibliografía y otras fuentes

Esta guía de estudio está basada en el libro del autor *El nuevo vivir del* trading (Ediciones Obelisco, 2017). Además, los siguientes libros contienen información útil para alcanzar una comprensión más profunda de estas preguntas y respuestas:

BELVEAL, L. DEE: *Charting Commodity Market Price Behavior* (1969). Homewood, IL: Business One Irwin, 1985.

DOUGLAS, MARK: *El trader disciplinado*. Valor Editions de España, 2020.

EDWARDS, ROBERT D. y MAGEE, JOHN: *Análisis técnico de las tendencias de los valores* (1948). Gestión Moderna de Valores, S.A., 1995.

ELDER, ALEXANDER y LOVVORN, KERRY: *The New High–New Low Index*. Alabama: SpikeTrade, 2012.

KAUFMAN, PERRY: *Nuevos sistemas y métodos de trading*. Millenium Capital, 2011.

LE BON, G.: *Psicología de las masas* (1895). Morata, Madrid, 2014.

LEFEVRE, EDWIN: *Memorias de un operador de bolsa* (1923). Ediciones Deusto, 2009.

MACKAY, CHARLES: *Delirios multitudinarios: la manía de los tulipanes y otras famosas burbujas financieras* (1841). Editorial Milrazones, 2008.

MURPHY, JOHN J.: *Análisis técnico de los mercados financieros* (1999). Gestión 2000, 2000.

NEILL, HUMPHREY B.: *The Art of Contrary Thinking* (1954). Caldwell, ID: Caxton Printers, 1985.

PRING, MARTIN J.: *El análisis técnico explicado*. Valor Editions de España, 2015.

VINCE, RALPH: *Portfolio Management Formulas*. Hoboken, NJ: John Wiley & Sons, 1990.

Acerca del autor

Alexander Elder, doctor en medicina, es un *trader* profesional y maestro de *traders*. Es autor de varios best-sellers, considerados clásicos modernos entre la comunidad de *traders*. También ha escrito libros sobre Rusia y Nueva Zelanda.

El Dr. Elder nació en Leningrado y creció en Estonia, donde entró en la facultad de medicina a los dieciséis años. A los veintitrés años, cuando trabajaba como médico en un barco, saltó del barco soviético en África y recibió asilo político en Estados Unidos. Trabajó como psiquiatra en la ciudad de Nueva York e impartió clases en la Universidad de Columbia. Su experiencia como psiquiatra le proporcionó una visión única sobre la psicología del *trading*.

El Dr. Elder es un *trader* activo, pero continúa enseñando y es un conferenciante muy buscado, tanto en Estados Unidos como en todo el mundo. El Dr. Elder es el creador de unas formaciones para *traders* conocidas como Trader's Camps, clases de una semana para *traders*. Es el fundador del grupo SpikeTrade, una comunidad de *traders* cuyos miembros comparten las mejores elecciones de acciones cada semana compitiendo para conseguir diferentes premios.

Las páginas web del Dr. Elder son **www.elder.com** y **www.spiketrade.com**

ÍNDICE